Liebe Leserin, lieber Leser

Eine reizvolle Landschaft entdecken, ein erfrischendes Bad im Burgäschisee geniessen, auf den Spuren von Ueli und Vreneli durch das Emmental radeln, dem Nationalpark in den Bündner Bergen einen Besuch abstatten, in den Asphaltminen im Val de Travers die harte Arbeit der Mineure bewundern, in einem Grotto im Valle Maggia Käse und knuspriges Brot kosten …

Wir wissen, wo die Schweiz am schönsten ist. Kommen Sie mit und lassen Sie sich entführen. Idyllische Bergseen, märchenhafte Urwälder, trutzige Burgen, neugierige Bergdohlen, gemütliche Landbeizen und saftige Juraweiden warten darauf, von Ihnen entdeckt zu werden.

Top of Switzerland: Das sind 39 lohnenswerte Velotouren, gegliedert in acht Kapitel. Das ist Ihr Velowanderführer zu den schönsten Ausflugszielen.

Welche Tour ist für Sie die Nummer eins? Kennen Sie weitere Velotouren, die unbedingt in diesen Veloführer gehören? Lassen Sie es uns wissen.

Los gehts! Die nächste Velotour wird die schönste sein.

Impressum

1. Auflage 2011

© 2011 Hallwag Kümmerly+Frey AG, CH-3322 Schönbühl-Bern

Herausgeber	Hallwag Kümmerly+Frey AG, CH-3322 Schönbühl-Bern www.swisstravelcenter.ch, specials@swisstravelcenter.ch
Konzept	Adolf Amacher, Miriam Jenni
Autor	Raymond Maurer
Bildnachweis	Aargau Tourismus 133, 135. Basel Tourismus 71, 73. Bern Tourismus 124. BKW Energie, Bern 126. Bourbaki Museum, Luzern 95. BSG Bielersee Schifffahrt 19. Engadin St. Moritz Tourismus 92. Fribourg Tourisme 82. Jura Tourisme 107. Kreuzlingen Tourismus 10. Lausanne Tourisme 28. Lehmann Mike 39. Luzern Tourismus 65, 67, 129. Museum Franz Gertsch, Burgdorf 42. Neuchâtel Tourisme 118. RhB, Chur 76. Rigi Tourismus 25. Schweiz Tourismus 29, 34, 45, 46, 68, 70, 78, 87, 93, 98, 104, 106, 110. Schweizerisches National-museum 26, 64. Sonderegger Christof 6, 8, 11, 13, 17, 20, 23, 31, 32, 50, 51, 53, 54, 56, 59, 60, 79, 81, 84, 88, 90, 102, 116, 120, 121. Steiner Peter 57. Thun Tourismus 36, 37. Thurgau Tourismus 130, 132. Ticino Turismo 22, 48, 123. Valais Tourisme 74, 85. Zürich Tourismus 96. Zürichsee Tourismus 14, 16, 62.
Kartografie	Hallwag Kümmerly+Frey AG, CH-3322 Schönbühl-Bern
Gestaltung	Maurer Staudenmann Werbeagentur, CH-3001 Bern
Titel	Top of Switzerland Velowandern in der Schweiz. Die schönsten Touren.
ISBN	978-3-259-03707-2

Inhaltsverzeichnis

Top 8 Entlang von Seen und Flüssen

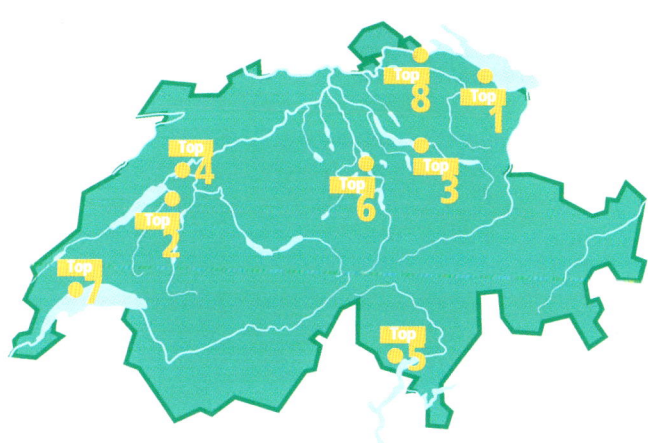

Top 1
Bodensee
St. Margrethen–Kreuzlingen

Top 2
Murtensee
Murten–Mont Vully–Avenches–Murten

Top 3
Zürichsee
Rapperswil–Schmerikon–Lachen–Rapperswil

Top 4
Bielersee
Biel–Erlach–St. Petersinsel–Biel

Top 5
Lago Maggiore
Locarno–Losone–Ronco–Ascona–Locarno

Top 6
Zugersee
Zug–Walchwil–Arth–Immensee–Zug

Top 7
Lac Léman
Nyon–Aubonne–Morges–Lausanne

Top 8
Rhein
Kreuzlingen–Stein am Rhein–Schaffhausen

Bodensee
St. Margrethen–Kreuzlingen >56 km

A> Naturschutzgebiet Rheindelta

Das Rheindelta bei Fussach in Österreich ist das grösste Feucht-
gebiet am Bodensee. Die Dynamik der Fliessgewässer und des Sees
gibt der Landschaft ihren einzigartigen Charakter. So entstanden
und entstehen vielfältige Lebensräume wie Auenwälder, Schilf-
gürtel, Flachwasserbereiche, Sümpfe und Feuchtwiesen, die eine
artenreiche Fauna und Flora beherbergen. Vor allem im Herbst und
im Winter ist das Rheindelta ein Dorado für Zug- und Rastvögel wie
die Graugans oder den Singschwan. Das Delta ist grösstenteils
autofrei. Radler sind willkommen. www.rheindelta.com

B> Markthalle Altenrhein, Staad

Einen Steinwurf vom Flugplatz Altenrhein entfernt steht ein bizarrer
Bau mit goldenen Kuppeln, farbigen Säulen, schrägen Wänden,
seltsamen Rundungen und Fenstern – ein Hundertwasser eben.
Die 2001 eröffnete Markthalle ist das einzige Schweizer Bauwerk
des berühmten Wiener Architekten und Künstlers Friedensreich
Hundertwasser. www.markthalle-altenrhein.ch

B> «Jede moderne Architektur, bei der das Lineal oder der Zirkel eine Rolle gespielt
hat, ist zu verwerfen.» Friedensreich Hundertwasser

Wegbeschreibung St. Margrethen–Rorschach–Kreuzlingen >56 km
Wir starten beim **1>** Bahnhof St. Margrethen, überqueren Autobahn und Landesgrenze und fahren über Höchst nach **2>** Fussach in Österreich. Nun durchqueren wir auf schmalen Wegen das Naturschutzgebiet Rheindelta, geniessen die weite Landschaft und bewundern die Vogel- und Pflanzenwelt. Wieder in der Schweiz, fahren wir entlang des Bodensees auf der Rhein-Route (Veloland Schweiz, Route 2) über **3>** Rorschach und **4>** Arbon nach **5>** Kreuzlingen. In Kreuzlingen ruhen wir uns aus im grossen Park am See oder besuchen das «Sea Life» im nahen Konstanz.

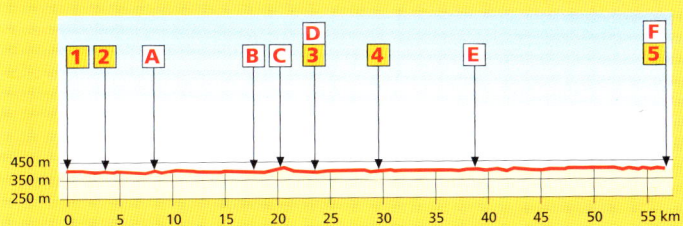

Strecke Wunderschöne und abwechslungsreiche Strecke entlang des Bodensees. Ideal für die ganze Familie (ebener Verlauf auf meist asphaltierten Radwegen). Radfahren in der Bodenseeregion ist beliebt. Juli und August und an Wochenenden muss mit einem grösseren Verkehrsaufkommen gerechnet werden. Identitätskarte nicht vergessen!
Essen & Trinken Die Belohnung für den Magen gibts in einem der zahlreichen Restaurants, die links und rechts der Strecke liegen.
Tipp Im Sommer sollten die Badesachen griffbereit sein. Ein Abtauchen in den kühlenden Bodensee ist ein Vergnügen. Strandbäder in Altenrhein, Rorschach, Arbon und Romanshorn.
Velovermietung Bahnhöfe St. Margrethen, Rorschach, Romanshorn, Kreuzlingen.
Velokarte Bodensee–Thurgau 1:60 000 von Kümmerly+Frey.
www.st.gallen-bodensee.ch
www.thurgau-tourismus.ch

E> Auf Schloss Seeburg residierte einst der Bischof von Konstanz

C> Schloss Wartegg, Rorschacherberg

Seit 1558 lebten auf Schloss Wartegg Adels- und Diplomaten-
familien. Selbst Zita, Österreichs letzte Kaiserin, war hier 1919
vorübergehend im Exil. Als 1944 der letzte Bewohner starb, fiel das
Schloss in einen Dornröschenschlaf. 1994 erfolgten die kulturelle
Wiederbelebung und der behutsame Umbau zum eleganten Hotel.
Grosser Schlossgarten mit alten Nutzpflanzen. www.wartegg.ch

D> Rorschach

Wichtiger Handels- und Marktort. Stattliche Bürgerhäuser. Das
Kornhaus, erbaut in den Jahren 1776 bis 1778, ist das Wahrzeichen
der Stadt und der schönste Getreidespeicher der Schweiz. Heute
befindet sich im grossen Haus am See ein Heimatmuseum.

E> Kreuzlingen

Grenzstadt und Ausgangspunkt der Schifffahrt auf Untersee und
Rhein. Grösste und schönste Parkanlage des ganzen Bodensees.
Hier gibt es ein Gehege mit einheimischen Tieren, Spielplätze,
prächtige Eichen und Platanen, Restaurants und das Schloss Seeburg, den einstigen Sommersitz der Konstanzer Bischöfe. Jenseits
der Grenze in Konstanz bringt das Meeresaquarium «Sea Life» den
Besuchern die Wunderwelt der Meere näher.

Top 2 Murtensee

Murten–Murten >36 km

A> Murten

Wir schreiben das Jahr 1476. Karl der Kühne belagert das Städtchen Murten und muss bei der anschliessenden Schlacht eine bitte-
re Niederlage einstecken. Es sollte nicht seine letzte sein. Im Spott-
reim «Bei Grandson das Gut, bei Murten den Mut, bei Nancy das
Blut» wird auf die Tragik rund um den Herzog von Burgund auf-
merksam gemacht. Heute präsentiert sich Murten von seiner
freundlichen Seite. Die gut erhaltene Ringmauer, die Lauben und
die engen Gassen laden zum Verweilen ein.

B> Mont Vully

Hügelzug (653 m) zwischen Neuenburger- und Murtensee. Herrliche Rundsicht auf Alpen, Jurakette und Seenlandschaft. Im Ersten
Weltkrieg wurden hier von der Schweizer Armee zahlreiche Bunker
und Stollen in den weichen Sandstein geschlagen. Heute sind die
Höhlen ein beliebter Spielplatz für Klein und Gross; auch ein Grillplatz befindet sich in der Nähe.

A> In den Gassen von Murten

Wegbeschreibung Murten–Mont-Vully–Avenches–Murten >36 km
Wir starten in **1>** Murten und fahren dem See entlang nach Muntelier.
Hier biegen wir links ab und fahren durch den Wald bis nach **2>** Sugiez
(Veloland Schweiz, Route 59). Mitten im Dorfzentrum von Sugiez beginnt
der steile Anstieg auf den **3>** Mont-Vully. Die rasante Abfahrt führt über
Lugnorre und Mur nach **4>** Salavaux am Westende des Sees. Weiter
gehts über **5>** Avenches und Clavaleyres zurück nach **1>** Murten.
Alternativroute: Von Sugiez dem See entlang nach Salavaux.

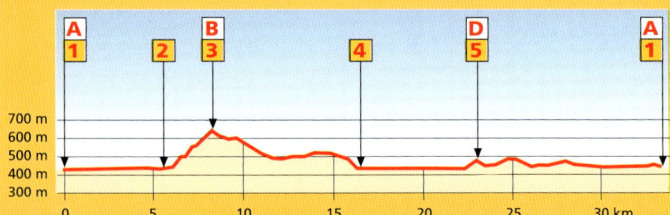

Strecke Genussreiche Strecke rund um den Murtensee. Wer auf den
steilen Anstieg auf den Mont-Vully verzichten will, fährt von Sugiez nach
Salavaux dem See entlang. Herrlicher Sandstrand in Salavaux.
Essen & Trinken Restaurant Mont-Vully, Route du Mont 50,
1789 Lugnorre, Tel. 026 673 21 21. See und Stadt Murten vor Augen.
Tipps Sandsteinhöhlen auf dem Mont-Vully auskundschaften. Die Gänge
sind unbeleuchtet, Taschenlampe nicht vergessen. Beim Bäcker
Guillaume in Sugiez gibts die besten Gâteaux du Vully! Baden im
Murtensee: Strandbad Murten, Sandstrände bei Salavaux.
Velovermietung Bahnhof Murten.
Velokarte Neuenburg–Drei Seen 1:60 000 von Kümmerly+Frey.
www.murtentourismus.ch

D> Opernfestival in der Arena von Avenches

C> Gâteau du Vully

Am nördlichen Ufer des Murtensees ist eine süsse Spezialität zu Hause. Es handelt sich um den Gâteau du Vully. Der Teig ist aus Mehl, Hefe, Milch, Ei, Butter und Salz. Mit den Fingerkuppen, nicht mit der Gabel werden die «puis d'amour», die Liebesgrübchen, in den Teig gedrückt. Diese werden mit Butterflocken, Eigelb und Doppelrahm aufgefüllt. Das Ganze wird mit Zucker bestreut und bei 250 Grad 10 Minuten hellgelb gebacken. C'est tout.

D> Avenches

Zu Zeiten der Römer hiess Avenches Aventicum und war eine Stadt mit über 20 000 Einwohnern. Die römischen Ruinen sind frei zugänglich. Vor allem das 10 000 Besucher fassende Amphitheater, in dem jedes Jahr ein viel beachtetes Opernfestival und das ebenso legendäre Rockfestival stattfinden, ist beeindruckend. Im Römermuseum befindet sich eine Kopie der berühmten Büste von Kaiser Marc Aurel. Das Original liegt in einem Banksafe in Lausanne.

Zürichsee
Rapperswil–Rapperswil >36 km

A> Rapperswil
Rapperswil liegt am Nordende eines 1000 m langen Dammes, der den eigentlichen Zürichsee vom Obersee trennt. Die Uferpromenade, die malerische Altstadt sowie das mittelalterliche Schloss machen die Hafenstadt zu einem sehenswerten Ort. Rapperswil ist auch als Rosenstadt bekannt. Von Mai bis Oktober blühen am Rebberg, beim Kapuzinerkloster und auf der Schanz Tausende von Rosen.

B> Knies Kinderzoo, Rapperswil
Wer hat schon einmal ein Breitmaulnashorn berührt, Erdmännchen beim Sandbuddeln beobachtet, auf dem Rücken eines Elefanten die Welt von oben erkundet? In Knies Kinderzoo steht der Kontakt mit den Tieren im Vordergrund. Im Gegensatz zu anderen Zoos darf hier gefüttert, gestreichelt und geritten werden. www.knieskinderzoo.ch

C> Alpamare, Pfäffikon
Wasserratten ziehts ins Alpamare. Im grössten gedeckten Wasserpark Europas buhlen zehn aufregende Wasserrutschbahnen um die Gunst der kleinen und grossen Gäste. Natürlich gehts auch gemütlicher. Ein Wellenbad mit Brandung, das Rio-Mare-Flussbad, die Alpa-Therme und die Jod-Sole-Therme (36 °C) bieten die gewünschte Abwechslung. www.alpamare.ch

A> Über der Stadt thront das im 13. Jahrhundert erbaute Schloss Rapperswil

Wegbeschreibung Rapperswil–Schmerikon–Rapperswil >36 km
Wir beginnen unsere Velotour beim **1>** Bahnhof Rapperswil und fahren auf dem berühmten Strandweg nach **2>** Schmerikon (Veloland Schweiz, Route 9). Beim **3>** Schloss Grynau überqueren wir den Linthkanal und radeln nach Tuggen (Veloland Schweiz, Route 76). Bei der Kirche Tuggen gehts leicht bergauf. Wir folgen der Buchbergstrasse. Sie führt uns nach Wangen SZ. Weiter über Lachen nach Pfäffikon SZ (Veloland Schweiz, Route 32) und über den verkehrsreichen Seedamm zurück nach Rapperswil.

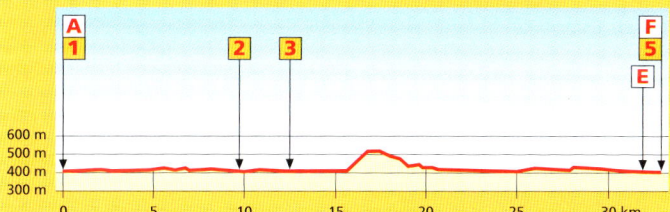

Strecke Gemütliche, abwechslungsreiche Rundfahrt für die ganze Familie. Kinder werden begeistert sein: Auf der Strecke locken Knies Kinderzoo und das Alpamare Pfäffikon, ein Wasserpark mit rasanten Rutschbahnen.
Essen & Trinken «Dieci al lago», Fischmarktplatz 1, 8640 Rapperswil, Tel. 055 210 90 20. Grosses Gartenrestaurant. «Marina Lachen», Hafenstrasse 4, 8853 Lachen, Tel. 055 451 73 73. Erlebnis- und Gastromeile am südlichsten Punkt des Zürichsees.
Tipps Seit kurzem besitzt Rapperswil-Jona ein Baummuseum (beim Kloster Wurmsbach). Zu sehen sind über 50 sorgfältig ausgewählte Bäume aus über 25 Arten, einige davon sind über 100 Jahre alt. Strandbäder in Rapperswil, Schmerikon und Lachen.
Velovermietung Tower Sports AG, Neue Jonastrasse 37/38, 8640 Rapperswil.
Velokarte Zürich 1:60 000 von Kümmerly+Frey.
www.zuerichsee.ch

D> Kirche St. Peter und Paul auf der Ufenau

D> Insel Ufenau

Die Ufenau ist die grösste Insel der Schweiz. Obwohl in Privatbesitz
(Kloster Einsiedeln), ist sie öffentlich zugänglich. Bei einem Rund-
gang trifft man auf die Pfarrkirche St. Peter und Paul und auf die
St.-Martins-Kapelle. Von April bis Oktober sorgt der Inselwirt im
Restaurant für das leibliche Wohl der Gäste. Die Ufenau wird im
Sommerhalbjahr täglich von den Kursschiffen angefahren.

E> Holzsteg Hurden–Rapperswil

Besonders schön ist der Gang über die moderne Holzbrücke, die
Hurden mit Rapperswil im Kanton St. Gallen verbindet. Die 841 m
lange Fussgängerbrücke wurde 2001 auf 233 Eichenpfählen errichtet. Sie dient – wie einst ein historischer Steg an gleicher Stelle –
auch den Pilgern auf dem Jakobsweg und ist geeignet, die Schön-
heit des Gehens zu entdecken.

 **Bielersee**

Biel–Biel >53 km

A> Biel

Grüessech und bonjour! Biel/Bienne (60 000 Einwohner) tickt anders. Einerseits fühlt man in der Stadt die lockere Mentalität, welche durch das Gemisch zweier Sprachen entsteht. Andererseits ist Biel die Weltmetropole der Uhrenindustrie: Swatch, Omega und Rolex sind hier zu Hause. Dank ihrer Lage ist die Stadt auch ein attraktives Tor zur Ausflugs- und Ferienregion rund um Bieler-, Neuenburger- und Murtensee sowie zu den nahen Jurahöhen.

B> Bielersee

Die steilen Nordufer des Bielersees sind prädestiniert für den Weinbau, weshalb sich hier gut gepflegte Rebberge und hübsche Winzerdörfer reihen. In Ligerz locken das Weinbaumuseum, ein Rebenweg und die wunderschöne kleine Kirche oberhalb des Dorfes. Viele Winzer bieten Degustationen in ihren Carnotzets (Weinkellern) an. Die bekannteste Rebsorte der Region ist der Twanner, ein spritziger Weisswein, der ideal zu Fisch und Käse passt.

C> La Neuveville

Gut erhaltenes, nahezu quadratisches Städtchen aus dem 14. Jahrhundert, das von einem offenen Bachkanal durchflossen wird. Die Stadtmauer besitzt sieben Türme. Schöne Seepromenade mit Sicht auf Erlach und die St. Petersinsel.

B> Bielersee mit Blick auf Erlach

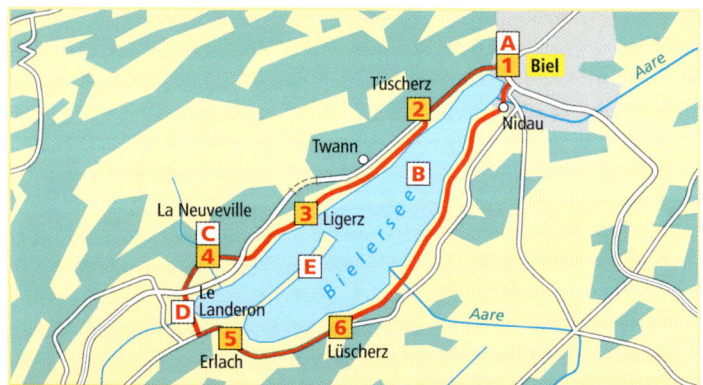

Wegbeschreibung Biel–Erlach–St. Petersinsel–Biel >53 km

Start unserer Velotour ist **1>** Biel. Wir schlagen den Weg nach Neuenburg ein. Ausgangs Biel verläuft der Veloweg neben einer viel befahrenen Strasse. Doch bei **2>** Tüscherz-Alfermée dürfen Velofahrer den Weg entlang des Bielersees benützen. Vorbei an Twann und **3>** Ligerz, treffen wir bald in **4>** La Neuveville ein. Eine Rundfahrt durch die kleine Altstadt ist ein Muss. Frisch gestärkt fahren wir über Le Landeron nach **5>** Erlach. Hier bietet sich ein Besuch der St. Petersinsel an (an Sonntagen im Sommer nicht empfehlenswert). Weiter gehts über **6>** Lüscherz und Nidau zurück nach **1>** Biel (Veloland Schweiz, Route 5).

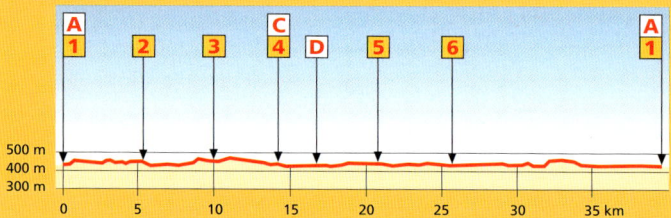

Strecke Leichte Strecke ohne nennenswerte Steigungen meist entlang des Bielersees. Da es viel zu sehen gibt, macht es Sinn, mögliche Stopps im Voraus zu planen, es sei denn, man plane, den See in zwei Tagen zu umrunden.

Essen & Trinken Hôtel/Restaurant Jean-Jacques Rousseau, Promenade J.-J. Rousseau, 2520 La Neuveville, Tel. 032 752 36 52. Herrlich Lage am Bielersee. Grosse Gartenwirtschaft. Restaurant & Klosterhotel St. Petersinsel, 3235 Erlach, Tel. 032 338 11 14. Nur zu Fuss, per Velo und Schiff erreichbar. Geöffnet von Mitte März bis Ende Oktober.

Tipp Über 30 Strand- und Freibäder rund um den See laden zum Baden ein.

Velovermietung Bahnhof Biel/Bienne.

Velokarte Neuenburg–Drei Seen 1:60 000 von Kümmerly+Frey.

www.bielersee.ch

D> Le Landeron

Le Landeron, einzige Neuenburger Gemeinde am Bielersee, ist bekannt für den grössten Floh- und Antiquitätenmarkt der Schweiz. Das dreitägige «Fête de la Brocante» findet jeweils am letzten Septemberwochenende auf dem prächtigen Marktplatz statt, der von zwei Häuserzeilen mit Tortürmen eingeschlossen wird.

E> St. Petersinsel

Eigentlich ist die St. Petersinsel keine Insel, sondern eine Halbinsel. Vor gut 130 Jahren erhielt sie eine Landverbindung, als die Jura-gewässerkorrektion den Seespiegel sinken liess. Der Inselname geht auf den Apostel Petrus zurück. Das Eiland war prähistorischer Siedlungsplatz, ein römischer Kultort, ein burgundisches Macht-zentrum, ein Priorat im Mittelalter und eine Zuflucht für den Genfer Schriftsteller und Philosophen Jean-Jacques Rousseau.

B> In der Altstadt von Erlach

Lago Maggiore
Locarno–Locarno >30 km

A> Locarno
Unter allen Schweizer Städten kann Locarno die meisten Sonnen-
stunden vorweisen. Im mediterranen Klima gedeihen Palmen,
Kastanien-, Feigen- und Olivenbäume. Praktisch das ganze Jahr
trifft man sich abends auf der Piazza Grande. Richtig voll ist der
grosse Platz im Zentrum der Stadt während der Open-Air-Konzerte
im Juli und im August, wenn unter freiem Himmel das Filmfestival
stattfindet. Hoch über Locarno thront die Pilgerkirche Madonna del
Sasso (Madonna vom Fels). Sie stammt aus dem Jahre 1596 und ist
mit Fresken und Ölgemälden geschmückt. Ein Kreuzweg führt von
der Stadt steil hinauf. Wers einfacher haben will, fährt mit der
Standseilbahn nach oben.

B> Ascona
Bis vor wenigen Jahren trafen und sonnten sich in Ascona vor allem
Rentner und Frühpensionierte. Heute ist der schöne Ort am See
auch für die junge Generation ein beliebter Treffpunkt. Prächtige
Seepromenade mit vielen Restaurants und Cafés. Sehenswerte, ver-
winkelte Altstadt. Idealer Ausgangspunkt für Exkursionen in die
Tessiner Täler.

B> Seepromenade in Ascona

Wegbeschreibung Locarno–Losone–Ronco–Ascona–Locarno >30 km
Vom **1>** Bahnhof Locarno radeln wir dem See und dann der Maggia entlang nach **2>** Losone (Veloland Schweiz, Veloroute 31). Beim Golfplatz Losone fahren wir durch den Wald hinauf nach **3>** Arcegno. Das typische Tessiner Dorf liegt verträumt in einer Lichtung mitten im Kastanienwald. Nun ist es nicht mehr weit nach **4>** Ronco sopra Ascona (herrliche Aussicht auf den Lago Maggiore). Von hier gehts bergab bis nach **5>** Ascona. In Ascona machen wir ausgiebig Pause oder besuchen die Brissago-Inseln. Schliesslich fahren wir zurück zum Ausgangspunkt nach **1>** Locarno.

Strecke Herrliche Velotour durch eine wunderschöne Landschaft. Die Steigung nach Ronco sopra Ascona ist happig, aber ohne weiteres machbar. Als Belohnung winkt eine grandiose Aussicht auf das Maggiadelta, den Lago Maggiore und die Bergwelt.
Essen & Trinken Grotto Lauro, 6618 Arcegno, Tel. 091 791 42 96. Rustikale Atmosphäre, Holzbänke und -tische, formidable Tessiner Kost. Mündlich vorgetragene Speisekarte. Kaninchen mit Polenta – ein Gedicht.
Tipp Strandbäder in Locarno, Ascona und Brissago.
Velovermietung Bahnhof Locarno.
Velokarte Lugano–Locarno–Bellinzona 1:60 000 von Kümmerly+Frey.
www.ascona-locarno.com

D> Isole di Brissago von Ronco aus gesehen

C> Monte Verità

Ascona erlebte eine aussergewöhnliche Zeit zu Beginn des 20. Jahrhunderts, als eine bunt zusammengewürfelte Künstlerkolonie auf dem Monte Verità oberhalb von Ascona die Rückkehr zur Natur predigte. Um diese Ansiedlung entwickelte sich ein Versuchsfeld für alternative Lebens- und Kunstformen, das Revolutionäre, Anarchisten, Philosophen, Schriftsteller, Vegetarier, Dichter, Tänzer und Maler aus aller Welt anzog.

D> Isole di Brissago

Der Botanische Garten bei Brissago ist schweizweit der einzige, der sich auf einer Insel befindet. Dank des speziellen Mikroklimas können hier exotische Pflanzen ganz ohne Gewächshäuser kultiviert werden. Die Berge halten die kalten Nordwinde ab, während der See im Sommer die Wärme speichert und diese im Winter abgibt. Zauberhaftes Restaurant mit Seeterrasse. www.isolebrissago.ch

Zugersee

Zug–Zug >36 km

A> Zug

Zug, der kleinste (Ganz-)Kanton der Schweiz, gilt als Steueroase. Deshalb haben hier in den letzten dreissig Jahren Zehntausende in- und ausländische Firmen eine Niederlassung eröffnet oder unterhalten einen Briefkasten. Zentrum der Stadt ist der Landsgemeindeplatz. Südlich geht es in die hübsche Altstadt. Sehenswert sind der Zytturm mit seinem blau-weiss gestreiften Dach, das Zuger Rathaus von 1509 und die spätgotische St.-Oswald-Kirche. Zug sollte man nicht verlassen, ohne die gastronomischen Spezialitäten zu probieren: Kirschwasser, Kirschtorte und Zuger Rötel (Saibling aus dem Zugersee).

B> Tierpark Goldau

Die Einzigartigkeit seiner wilden Landschaft verdankt der 1925 gegründete Natur- und Tierpark Goldau einer gewaltigen Naturkatastrophe im Jahre 1806, die als Goldauer Bergsturz in die Geschichte eingegangen ist. 40 Millionen Kubikmeter Gestein donnerten damals vom Rossberg ins Tal. Zwischen haushohen Felsblöcken fühlen sich heute Wildtiere heimisch. Viel Aufmerksamkeit findet das Gehege, das von Bären und Wölfen gemeinsam bewohnt wird. Es ist lustig anzusehen, wie die vorwitzigen Wölfe ab und zu die Bären ärgern. Angst um die Tiere muss man nicht haben. Rückzugsräume sind vorhanden und werden rege benutzt. www.tierpark.ch

A> Mit Seeanstoss: Zuger Landsgemeindeplatz

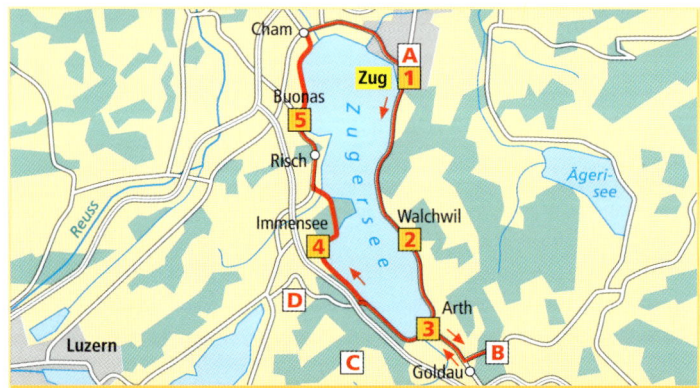

Wegbeschreibung Zug–Arth–Immensee–Zug >36 km
Wir fahren von **1>** Zug über **2>** Walchwil nach **3>** Arth (Veloland
Schweiz, Route 51). Hier besteht die Möglichkeit, nach Goldau zu radeln,
um dem Tierpark einen Besuch abzustatten. Von Arth gehts weiter bis
Immensee (Veloland Schweiz, Route 77). In **4>** Immensee nehmen wir
den Seeweg über Baumgarten nach Risch und **5>** Buonas. Dann über
Cham zurück nach **1>** Zug (Veloland Schweiz, Route 9).

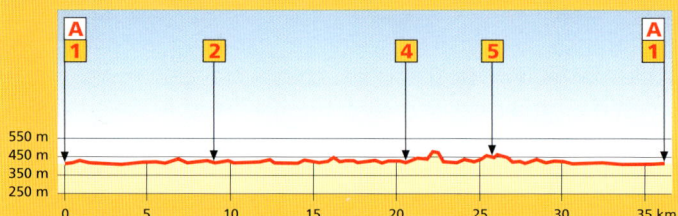

Strecke Die Tour führt entlang des Zugersees. Sie stellt keine grossen
Anforderungen und ist deshalb für Gross und Klein geeignet.
Essen & Trinken Restaurant Wildenmann, St. Germanstrasse 1,
6343 Buonas, Tel. 041 790 30 60. Geöffnet von Dienstag bis Samstag.
Ehrwürdiges Zugerhaus mit verschiedenen kleinen Stuben und einem
Gartenrestaurant unter den Kastanienbäumen.
Tipps Strandbäder in Walchwil, Arth, Buonas und Cham. Beim
Bootsverleih am Landsgemeindeplatz in Zug kann man Familienboote
für bis zu zehn Personen leihen. www.bootsvermietung-zug.ch
Velovermietung Bahnhof Zug.
Velokarte Luzern–Vierwaldstättersee 1:60 000 von Kümmerly+Frey.
www.zug-tourismus.ch

C> Ausflugsziel Rigi

C> Rigi

Schon Goethe (1775) und Königin Victoria von England (1868) haben den Panoramablick von den Höhen der Rigi genossen. Während die Gipfelstürmer früher zu Fuss oder in einer Sänfte auf den Berg gelangten, erreicht man die Rigi seit 1871 bequem und ohne Schweisstropfen mit der Bahn. Vom Gipfel (1797 m) geniesst man einen prächtigen Rundblick auf Alpen, Mittelland und Seen. Die beiden Zahnradbahnen ab Vitznau (Südseite) und Goldau (Nordseite) sowie die Panorama-Luftseilbahn ab Weggis ermöglichen abwechslungsreiche Rundfahrten. www.rigi.ch

D> Hohle Gasse, Immensee

Die Hohle Gasse ist ein Strassenstück zwischen Immensee und Küssnacht am Rigi. Hier soll Wilhelm Tell den habsburgischen Landvogt Gessler erschossen haben. In Friedrich Schillers «Wilhelm Tell» sagt Tell: «Durch diese hohle Gasse muss er kommen. Es führt kein andrer Weg nach Küssnacht.» Die heutige Hohle Gasse war einmal die Strasse von Küssnacht nach Immensee. Als der Verkehr zunahm, wurde 1937 eine Umfahrungsstrasse gebaut. Eine Spendensammlung der Schweizer Schuljugend führte 1934 zur Gründung der Stiftung zur Erhaltung der Hohlen Gasse. www.hohlegasse.ch

Lac Léman
Nyon–Lausanne >47 km

A> Nyon
Der Geschichte begegnet man in Nyon auf Schritt und Tritt. Zuerst waren die Römer hier, später kamen die Savoyer und die Berner. Deren Vögte residierten im mächtigen Schloss, das von fünf Türmen überragt wird und über der Stadt thront. Heute gehört Nyon zum Kanton Waadt, und im Schloss befindet sich ein Porzellanmuseum mit Preziosen der ehemaligen hiesigen Porzellanmanufaktur.

B> Château de Prangins
Für Liebhaber historischer Prachtbauten und gepflegter Gärten ist Schloss Prangins bei Nyon ein lohnendes Ausflugsziel. Das Barockschloss im französischen Stil wurde von einem unbekannten Architekten für den französischen Bankier Louis Guiguer errichtet. Viele weitere Besitzerwechsel folgten, bis das Schweizerische Nationalmuseum hier seinen Sitz in der Westschweiz eröffnete. Das Museum im Schloss ist der Schweizer Geschichte von der Zeit der Aufklärung bis Anfang des 20. Jahrhunderts gewidmet. Der Zugang ist thematisch: Das Leben in der Schweiz von 1730 bis 1920 wird unter kulturellen, politischen, ökonomischen und gesellschaftlichen Aspekten dargestellt. www.nationalmuseum.ch

B> Château de Prangins bei Nyon am Genfersee

Wegbeschreibung Nyon–Rolle–Morges–Lausanne >47 km

Start unserer Velotour ist **1>** Nyon. Über Gland fahren wir nach
2> Rolle (Veloland Schweiz, Route 1). Nach Rolle führt uns die Tour über
3> Aubonne und weiter bis **4>** Vufflens-le-Château (Veloland Schweiz,
Route 63). Nun gehts bergab bis **5>** Morges und weiter zum Ziel unserer
Fahrt nach **6>** Lausanne (Veloland Schweiz, Route 1).

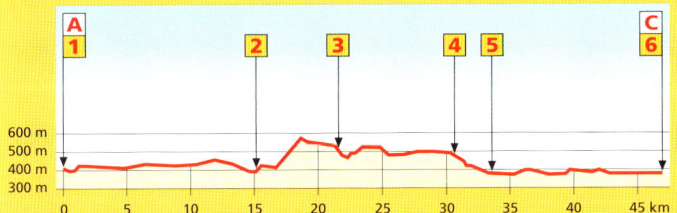

Strecke Eine Tour zum Abheben und Geniessen. Die Fahrt führt durch
kleine Winzerdörfer und liebliche Rebberge der Region «La Côte», in der
man vor allem Weine wie Chasselas, Gamay oder Pinot Noir anbaut.
Tipp Strandbäder in Nyon, Morges und Lausanne (Bellerive-Plage).
Velovermietung Bahnhöfe Genf, Lausanne.
Velokarte Lausanne–Vallée de Joux 1:60 000 von Kümmerly+Frey.
www.lake-geneva-region.ch

C> Lausanne, malerische Ecke im Schatten der Kathedrale

C> Lausanne

Wer die Stadt erstmals besucht, dem fallen die steilen Treppen und Strassen auf. Lausanne liegt auf drei Hügeln am Ufer des Genfersees (Seeufer 372 m, Stadtzentrum 495 m). Die herrliche Lage, die pittoreske Altstadt und eine wahrhaft internationale Atmosphäre zeichnen die Metropole des Waadtlandes aus. Seit 1915 ist Lausanne Sitz des Internationalen Olympischen Komitees.

D> Olympisches Museum, Lausanne

Die Idee eines Olympischen Museums geht auf Pierre de Coubertin zurück. Zu Beginn des 20. Jahrhunderts wollte der Gründer der Olympischen Spiele der Neuzeit ein Museum schaffen, in dem das Erbe der Olympischen Spiele einen würdigen Rahmen finden sollte. Anhand von Multimedia-Vorführungen, Archivfilmen, interaktiven Exponaten, Fotos und Briefmarkensammlungen werden die Entwicklung der verschiedenen sportlichen Disziplinen und die Leistung von Athleten gezeigt. Viele von ihnen stifteten ihre Medaillen dem Museum. Die aussergewöhnliche Architektur und die exzellente Lage am Genfersee machen das Museum zur Begegnungsstätte der besonderen Art. www.olympic.org

Rhein
Kreuzlingen–Schaffhausen >48 km

A> Schloss Arenenberg

Hinter mächtigen Bäumen versteckt, hoch über dem Bodensee und gegenüber der Insel Reichenau, liegt Schloss Arenenberg. Hortense de Beauharnais, Adoptivtochter und Schwägerin Napoleons I., fand hier ab 1817 ein Refugium, in dem ihr Sohn Louis Napoleon, der spätere Kaiser Napoleon III., aufwuchs. Das Schloss ist heute ein Museum. Seine exklusive Inneneinrichtung und die herrliche Parkanlage begeistern die Besucher. www.napoleonmuseum.tg.ch

B> Stein am Rhein

Wo der Rhein den Bodensee verlässt, liegt das Städtchen Stein am Rhein. Es ist berühmt für seinen gut erhaltenen Altstadtkern mit den bemalten Fassaden, den vielen Erkern, den stillen Winkeln der einladenden Uferpromenade. Vor allem während der warmen Jahreszeit besuchen Tausende von Touristen aus aller Welt dieses Vorzeigestädtchen am Rhein.

B> Wohlverdiente Ruhepause bei Stein am Rhein

Wegbeschreibung Kreuzlingen–Stein am Rhein–Schaffhausen >48 km
Unsere Velotour beginnt in der Grenzstadt **1>** Kreuzlingen und führt entlang des Bodensees, hier Obersee genannt, über Ermatingen und Steckborn nach **2>** Stein am Rhein. Weiter geht die Fahrt nach Gailingen (Deutschland). Wer will, fährt über die gedeckte Holzbrücke und stattet **3>** Diessenhofen und der Schweiz einen Kurzbesuch ab. Für die restliche Wegstrecke kehren wir wieder zurück nach Deutschland und fahren via Büsingen nach **4>** Schaffhausen (Veloland Schweiz, Veloroute 2).

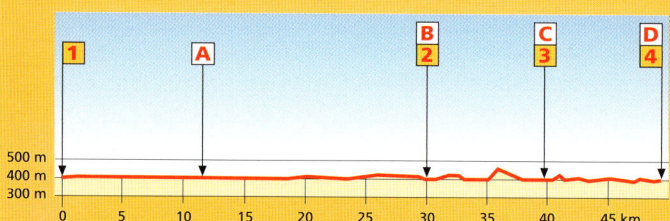

Strecke Abwechslungsreiche, leichte Strecke entlang des Obersees und des Rheins. Kleine Streckenabschnitte führen durch deutsches Gebiet. Identitätskarte nicht vergessen.
Essen & Trinken Restaurant Rheinpromenade, 8253 Diessenhofen, Tel. 052 646 38 11. Schöne Gartenwirtschaft direkt am Rhein.
Tipp Flussbäder in Stein am Rhein, Hemishofen, Diessenhofen, Schaffhausen.
Velovermietung Bahnhöfe Kreuzlingen und Schaffhausen.
Velokarte Bodensee–Thurgau, Velokarte Schaffhausen–Winterthur 1:60 000 von Kümmerly+Frey.
www.thurgau-tourismus.ch
www.schaffhauserland.ch

C> Blick auf Diessenhofen vom deutschen Rheinufer aus

C> Diessenhofen

In diesem mittelalterlichen Brückenstädtchen prägen zahlreiche
spätgotische Profanbauten das Ortsbild. Als besonders sehenswert
gelten der Siegelturm mit der Uhr aus dem Jahr 1546, das barocke
Rathaus von 1762 und die prächtige, gedeckte Holzbrücke. Einige
hundert Meter flussabwärts liegt das ehemalige Dominikanerkloster
St. Katharinental. Das Innere der Klosterkirche darf als Höhepunkt
des Spätbarocks in der Schweiz bezeichnet werden. Prächtige
Altäre, Bildertafeln und Deckengemälde geben dem Raum sein
Gepräge.

D> Schaffhausen

Die autofreie Altstadt von Schaffhausen besticht durch romantische
Gassen und Plätze, gesäumt von Bürgerhäusern im Stil der
Renaissance. Zwischen dem Kräutergarten und dem Kreuzgang des
ehemaligen Klosters Allerheiligen steht die 4,5 Tonnen schwere
Schillerglocke. Friedrich Schiller verwendete ihre Inschrift «VIVOS
VOCO, MORTUOS PLANGO, FULGURA FRANGO» (Die Lebenden
rufe ich, die Toten beweine ich und die Blitze breche ich) als Motto
für sein berühmtes Gedicht «Das Lied von der Glocke».

Top 4 **Auf der Herzroute**

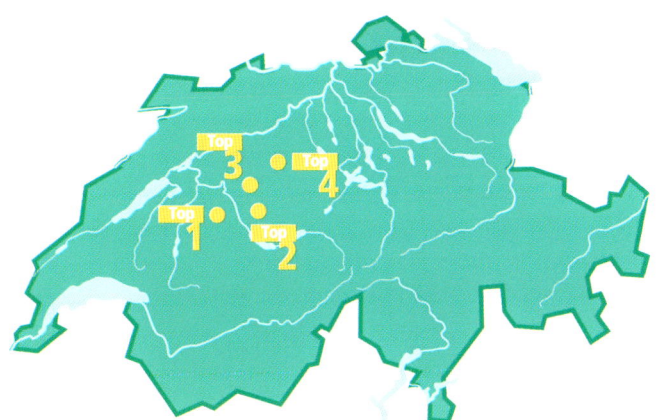

Top 1 **Herzroute**
1. Etappe: Laupen–Thun

Top 2 **Herzroute**
2. Etappe: Thun–Langnau

Top 3 **Herzroute**
3. Etappe: Langnau–Burgdorf

Top 4 **Herzroute**
4. Etappe: Burgdorf–Willisau

Herzroute

1. Etappe: Laupen–Thun >64 km

Herzroute

Die Herzroute führt in vier Etappen vom bernischen Laupen über Thun, Langnau und Burgdorf nach Willisau im Kanton Luzern. Sie ist nicht die schnellste, mit Sicherheit aber die schönste Verbindung zwischen diesen Ortschaften. Die Route zieht sich über einsame Hügel, durch schöne Wälder und schmucke Dörfer. Eine gute Kondition ist Voraussetzung, denn die Hügel vor allem im Emmental können ganz schön stotzig sein. Wer lieber mit weniger Muskelkraft durch die Gegend radeln will, leiht sich an einem der Etappenorte ein FLYER-Elektrovelo aus.

A> Laupen

Wer nach Laupen kommt, erblickt schon von Weitem das Schloss. Unübersehbar sitzt es auf einem Sandsteinsporn über dem Städtchen. Bereits anno 1324 hatte die Stadt Bern hier ihre erste Vogtei errichtet. Prunkstück der Burganlage ist der mittelalterliche Rittersaal. Die Schlossanlage ist öffentlich zugänglich.

B> Moränenseen

Die Moränenseen auf der Amsoldinger Platte sind ein Zeugnis der letzten Eiszeit. Die kleinen Seen sind als Krater von zurück- gebliebenen Eisblöcken bis heute erhalten geblieben und bilden zusammen mit den sanften Hügeln eine einzigartige Landschaft. Ist das Wetter klar, erscheinen im Hintergrund die Berner Alpen. Herz, was begehrst du mehr!

B> Blick auf Thunersee und Alpenkranz

Wegbeschreibung Laupen–Niederscherli–Riggisberg–Amsoldingen–Thun >64 km

Wir starten mit unserer Tour der Herzen (Veloland Schweiz, Veloroute 99) in **1>** Laupen und fahren durch den grossen Forst und den wild-romantischen Scherligraben hinauf auf den **2>** Längenberg. Hier bietet sich ein Panorama vom Moléson bis zum Neuenburgersee. Nach einer furiosen Abfahrt über **3>** Riggisberg streifen wir gemütlich das Moränengebiet um **4>** Amsoldingen, um schon bald in **5>** Thun, dem Tor zum Berner Oberland, einzutreffen.

Strecke Die 64 Kilometer sind für gewohnte Velofahrer gut zu meistern, trotz des happigen Aufstiegs auf die Bütschelegg. Unterwegs gibt es reichlich Möglichkeiten für Verpflegung und Unterkunft.

Essen & Trinken Gasthof Bären, Bärenplatz 5, 3177 Laupen, Tel. 031 747 72 31. Geöffnet von Mittwoch bis Sonntag. Heimelige Gaststube, Gartenwirtschaft. Restaurant Fluss, Mühleplatz 9, 3600 Thun, Tel. 033 222 01 10. Outdoor-Lokal an der Aare. Grilladen vom Holzkohlengrill, feine Sushi.

Tipp Mit dem Schienenvelo Laupen über eine stillgelegte Eisenbahnstrecke zwischen Laupen und Gümmenen strampeln. Nur auf Voranmeldung. www.schienenvelo.ch

Velovermietung Bahnhöfe Laupen, Thun.

Velokarte Region Bern 1:60 000 von Kümmerly+Frey.

www.regionlaupen.ch
www.thun.ch

D> Frühlingserwachen im Schadaupark

C> Thun

Thun nennt man auch das «Tor zum Berner Oberland». Die historische Altstadt, in deren Zentrum das Schloss mit dem Schlossmuseum thront, liegt einen Kilometer vom Seeufer entfernt an der Aare. Weitere Sehenswürdigkeiten sind die Stadtkirche mit ihrem Turm aus der Zeit um 1330 und das Rathaus.

D> Schadaupark, Thun

Das Schloss Schadau steht in einer wunderschönen englischen Parklandschaft. Anlage und Schloss wurden zwischen 1846 und 1854 für den Neuenburger Bankier Abraham Denis Alfred de Rougemont gebaut. Seit 1925 gehören Schloss und Park der Stadt Thun. Im Schloss befindet sich ein Restaurant und das Schweizerische Gastronomie-Museum. www.schloss-schadau.ch
Im herrlichen Schadaupark am Thunersee beherbergt ein Rundbau das Panorama von Thun. Das zwischen 1809 und 1814 entstandene riesige Bild von Marquard Wocher zeigt die Stadt Thun um 1810. Das Panorama ist das älteste seiner Art auf der Welt. Zu besichtigen von Mai bis Oktober. www.wocher-panorama.ch

Herzroute
Top 2

2. Etappe: Thun–Langnau >72 km

A> Thun

Entstanden ist die Thuner Altstadt mehrheitlich im 12. Jahrhundert,
als Berchtold V. von Zähringen das Thuner Schloss erbaute und die
Stadt um die heutige obere Hauptgasse erweiterte. Von der
Altstadt führen Treppen zum Schloss hinauf. Im Innern des
massiven Turmbaus befindet sich ein Museum zur Stadtgeschichte.
In den anderen Räumen sind Sammlungen von Uhren, Waffen,
Uniformen, Münzen und Spielzeug zu sehen. Im grossartigen
Rittersaal hängen wunderschöne Wandteppiche, man sieht
Rüstungen und Möbel. Im letzten Stockwerk liegt der Zugang zu
den vier Ecktürmen. Sie bieten einen herrlichen Panoramablick.

B> Emmental

Das Emmental ist ein besonders reichhaltiges Stück Schweiz. Hier
entsteht der berühmteste Käse der Welt. Hier wächst das grünste
Gras. Hier stehen die grössten Bauernhäuser. Hier gibts die
heimeligsten Gasthäuser. Hier wirkte Albert Bitzius alias Gotthelf.
Und hier hat Ueli der Knecht sein Vreneli gefunden.

A> Schloss Thun

Wegbeschreibung Thun–Eriz–Röthenbach–Signau–Langnau >72 km
Die Königsetappe auf der Tour der Herzen (Veloland Schweiz, Veloroute 99) beginnt in **1>** Thun. Bald danach gehts steil bergauf. Irgendwann haben wir freie Sicht zum Niesen und dem Jungfrau-Massiv. Ein erhabener Augenblick! Gleich danach tauchen wir ein in eine verwunschene Waldgegend, umkreisen Schründe und Nasen und kommen schliesslich im **2>** Eriz an. Von hier aus führt die Strecke mehr und mehr in sanftere, ebene Gefilde. Über **3>** Röthenbach, Würzbrunnen und Signau gelangen wir schliesslich nach **4>** Langnau i.E.

Strecke Diese Tour ist nur für geübte Velofahrer geeignet. Die Streckenlänge (über 70 Kilometer) und die vielen kleinen und grossen Hügel, die es zu überqueren gilt (über 1400 Höhenmeter), verlangen eine stabile Kondition.
Tipp Vorsicht auf Naturwegen. Steil abwärts besser absteigen (Hirsetschwendi).
Velovermietung Bahnhöfe Thun, Langnau.
Velokarte Region Bern, Velokarte Emmental 1:60 000 von Kümmerly+Frey.
www.thun.ch
www.emmental.ch

C> Die Kirche zu Würzbrunnen

C> Kirche Würzbrunnen

Die Würzbrunnenkirche, auch Gotthelfkirche genannt, wird
erstmals 1148 erwähnt in einem Brief von Papst Eugen III. Sie
gehörte zum Cluniazenserkloster Rüeggisberg. 1494 fiel die Kirche
einer Feuersbrunst zum Opfer. Im gleichen Jahr wurde sie wieder
aufgebaut. Ein verkohltes Stück Holz in einer Nische der nördlichen
Aussenwand erinnert an diesen Brand. In verschiedenen
Gotthelf-Verfilmungen diente das Kirchlein als Filmschauplatz.

D> Langnau

Langnau, Hauptort des oberen Emmentals und Zentrum der
Käsevermarktung, wartet mit prächtigen Gasthäusern an gleich-
namigen Plätzen auf, dem «Hirschen» und dem «Bären». Am
Bärenplatz steht das Chüechlihus (erbaut um 1526) mit dem
Heimatmuseum. www.regionalmuseum-langnau.ch

Herzroute

3. Etappe: Langnau–Burgdorf >45 km

A> Waldlehrpfad Langnau

Auf Initiative von Langnau Tourismus und in Zusammenarbeit mit Fachleuten entstand im Schützengraben nördlich von Langnau ein Waldlehrpfad. Über 60 Schautafeln laden zum Haltmachen und Lesen ein. Dabei erfährt man allerlei Unterhaltsames. Zum Beispiel, dass die Waldspitzmaus pro Tag 2000 Käfer frisst, die Feldmaus alle 20 Tage bis zu 13 Jungmäuse zur Welt bringt und der Kleiber als einziger Vogel Europas kopfüber einen Baumstamm hinunterlaufen kann. Der gut beschilderte Langnauer Waldlehrpfad kann in rund anderthalb Stunden leicht und bequem absolviert werden. Bei Bedarf stehen Ruhebänke zur Verfügung, auch ein Grillplatz mit Holzvorrat ist vorhanden. www.langnau-tourismus.ch

B> Burgdorf

Burgdorf, die Kleinstadt mit dem mächtigen Schloss, dem markanten Schlosshügel und der Felsenkulisse, empfiehlt sich für einen Aufenthalt. Nur etwa sieben Minuten zu Fuss sind es vom Bahnhof in die Oberstadt mit ihren erhöhten Laubengängen. Sehenswert im Schloss sind das Historische Museum, das Helvetische Goldmuseum und ein Völkerkundemuseum. www.kulturschloss.ch

A> Merkmale Kleiber: schwarzer Augenstreif, weisse Kehle, spitzer, dunkler Schnabel, blaugraue Oberseite, orange Unterseite, wirkt «halslos»

Wegbeschreibung Langnau–Signau–Mänziwilegg–Burgdorf >45 km

Die 3. Etappe der Tour der Herzen (Veloland Schweiz, Veloroute 99)
startet in **1>** Langnau und führt durch unberührte Landschaften über
2> Walkringen und die **3>** Mänziwilegg nach **4>** Burgdorf. Wer will,
macht einen kleinen Abstecher nach **5>** Utzenstorf (10 km nördlich Burgdorf gelegen) und besucht das Schloss Landshut und den prächtigen
Park.

Strecke Die mittelschwere Strecke (immerhin sind 880 Höhenmeter
zu überwinden) führt meist über Nebenstrassen von Langnau nach
Burgdorf.

Essen & Trinken Restaurant zur Geduld, Metzgergasse 12,
3400 Burgdorf, Tel. 034 422 14 14. Montag bis Samstag geöffnet.
Reizvolles Lokal mit alten Bistrotischen und einer Apérobar. Im Sommer
lockt eine Terrasse zum Ausspannen.

Velovermietung Bahnhöfe Langnau, Burgdorf.

Velokarte Emmental 1:60 000 von Kümmerly+Frey.

www.emmental.ch

C> Franz Gertsch: Johanna IV, 1985

C> Museum Franz Gertsch, Burgdorf

Berühmt wurde Franz Gertsch für seine riesigen, überlebensgrossen Porträts von melancholischen Mädchen, auf denen jede Wimper zu sehen ist. Die Sammlung, die in einem modernen Museumsbau zwischen Bahnhof und Altstadt untergebracht ist, umfasst beinahe lückenlos das Gesamtwerk des Künstlers im Zeitraum von 1987 bis 2004. www.museum-franzgertsch.ch

D> Schloss Landshut, Utzenstorf

Nördlich von Utzenstorf, wenige Meter von der Emme entfernt, erhebt sich Schloss Landshut, das einzige Wasserschloss im Kanton Bern. Das herrschaftliche Gebäude ist umgeben von einem grosszügigen Park mit altem Baumbestand. Neben den Bäumen prägt das Wasser den Park. Regulierbare Schwellen, Seitenarme und Verbindungskanäle sichern die gleichmässige Speisung des ringförmigen Schlossweihers. Im Innern des Schlosses ist das Schweizer Museum für Wild und Jagd untergebracht. Im zweiten Stock befindet sich eine beeindruckende Jagdwaffensammlung. www.schlosslandshut.ch

Herzroute

4. Etappe: Burgdorf–Willisau >64 km

A> Gotthelf-Dorf Lützelflüh

Jeremias Gotthelf hiess mit richtigem Namen Albert Bitzius, wurde
1797 geboren und verstarb am 22. Oktober 1854 in Lützelflüh.
Er studierte Theologie, Geschichte und Ästhetik in Bern und
Göttingen. Schon früh als junger Pfarrvikar sah er sich mitten im
Kampf zwischen christlicher Lebensordnung und der drohenden
Zersetzung durch den liberalen Zeitgeist und die städtische
Zivilisation. Um zu retten und zu helfen, griff Gotthelf zur Feder. Er
schrieb viele pädagogische, sozialkritische und christlich orientierte
Romane, die in der Bauernwelt des Emmentals spielen (Die schwarze
Spinne, Geld und Geist, Ueli der Knecht …). 35 Jahre nach seinem
Tod errichtete ihm die Gemeinde Lützelflüh einen Gedenkstein.
Und oberhalb der Kirche befindet sich seit 1954 die Gotthelf-
Gedenkstätte. Im kleinen Museum sind persönliche Erinnerungs-
gegenstände des Dichters sowie Werksausgaben ausgestellt.

B> Zithermuseum Trachselwald

Als erstes Museum zeigt die Sammlung alle in der Schweiz
gespielten Zithern. Rund 110 Instrumente dokumentieren die mehr
als zweihundertjährige Entwicklungsgeschichte dieses volks-
tümlichen Musikinstruments. Das Museum befindet sich in
Trachselwald in den Räumen der im Jahre 1614 erbauten Amts-
schaffnerei. www.zither.ch

A> Albert Bitzius alias Jeremias Gotthelf

**Wegbeschreibung Burgdorf–Hasle Rüegsau–Madiswil–
Zell–Willisau >64 km**

Wir starten unsere Herztour (Veloland Schweiz, Veloroute 99) in
1> Burgdorf und fahren der Emme entlang nach **2>** Lützelflüh. Jetzt
erklimmen wir nach und nach die Anhöhen des Emmentals.
Über **3>** Affoltern i.E. und **4>** Madiswil gelangen wir schliesslich nach
5> Willisau.

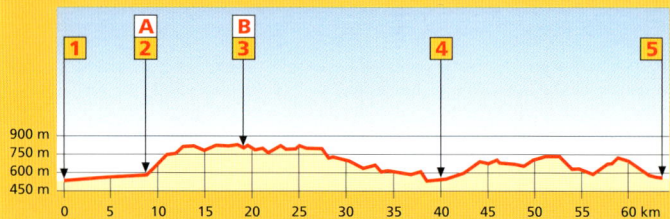

Strecke Abwechslungsreiche Strecke über kleine und mittelgrosse Hügel.
Essen & Trinken Ristorante La Strada, Hauptgasse 10, 6130 Willisau,
Tel. 041 989 00 59. Geöffnet von Dienstag bis Samstag. Ein Hauch
Italien im Herzen von Willisau. Stilvolle Lounge.
Velovermietung Bahnhöfe Burgdorf, Hasle-Rüegsau, Willisau.
Velokarte Emmental 1:60 000 von Kümmerly+Frey.
www.emmental.ch
www.willisau-tourismus.ch

C> Emmentaler Schaukäserei, Affoltern i.E.

Die Emmentaler Schaukäserei wurde 1985 gegründet und zieht seither rund 300 000 Besucher pro Jahr an. Vier Käsereigebäude aus verschiedenen Zeitepochen können besichtigt werden: der Küherstock aus dem Jahr 1741, die Chäshütte von 1900, die alte Dorfkäserei aus dem Jahr 1954 und die Schaukäserei von 1989. Im Hauptgebäude befinden sich eine moderne Fabrikationsanlage, ein Restaurant sowie ein Käsefachgeschäft.
www.emmentaler-schaukaeserei.ch

D> Napf

Am Grenzpunkt von Emmental, Entlebuch und Oberaargau liegt die Aussichtskanzel des Napf (1406 m). Obwohl weder eine Strasse noch eine Bahn auf den Napf führt, herrscht hier oben während der Sommermonate Hochbetrieb. Biker und Wanderer drängen sich im Bergrestaurant dicht an dicht. Kein Wunder, denn der Rundblick reicht vom Jura über die Berner bis zu den Zentralschweizer Alpen. Früher wurde in den Bächen und Flüssen des Napf Gold gewaschen, doch die Ausbeute fiel bescheiden aus.

D> Im Napfbergland

Von Grotto zu Grotto

Top 4

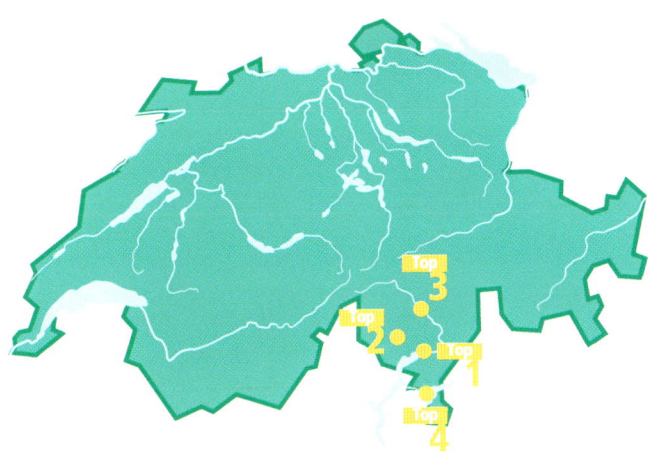

Von Bellinzona ins Locarnese

Bellinzona–Locarno >23 km

A> Bellinzona

Jeden Samstag findet auf der Piazza Nosetto und in den angrenzenden Gassen der Altstadt ein grosser Wochenmarkt statt (08.00 Uhr bis 13.00 Uhr). Unter den Dächern der Marktstände, die mehrheitlich in den Tessiner Farben gehalten sind, bieten Händler Produkte aus der Umgebung an: Käse von den Tessiner Alpen, Früchte und Gemüse aus der Magadinoebene, frische Pasta, Tessiner Risottoreis, Polenta, Brote in allen Variationen, im Herbst Steinpilze und Marroni, Tessiner Würste wie Salsiccia, Verzette, Luganighe …

Fragt man in Bellinzona nach dem Restaurant mit der besten Pasta, ist die Antwort eindeutig: im **Grotto Malakoff**. Die Osteria im Stadtteil Ravecchia ist sehr klein und sympathisch altmodisch eingerichtet. Freundliche, aufmerksame Bedienung. Reservation empfehlenswert. Grotto Malakoff, Carrale Bacilieri 10, 6500 Bellinzona, Tel. 091 825 49 40. Montag bis Samstag geöffnet.

B> Ebene von Magadino

Das einzige mehr oder weniger zusammenhängende Weinbaugebiet des Tessins liegt auf halbem Weg zwischen Bellinzona und Locarno. Vom Hang, der sich von Monte Carasso bis nach Tenero erstreckt, blickt man über die Magadinoebene zum Ceneri und weiter südlich zum Lago Maggiore. Inmitten der Rebberge liegt die **Osteria Brack**. Die Spezialität der Osteria ist ein Teller mit fünf verschiedenen Pastaqualitäten. Ein Gedicht! Albergo Brack, Sopra Progero, 6515 Gudo, Tel. 091 859 12 54. März bis November von Donnerstag bis Sonntag geöffnet (ab 17.00 Uhr).

A> Burgen von Bellinzona, seit 2000 UNESCO-Welterbe

Wegbeschreibung Bellinzona–Locarno >23 km

Wir beginnen unsere Velotour beim **1>** Bahnhof Bellinzona. Wer will, schaut sich in der Altstadt um oder besucht eine der Burgen. Weiter geht die Tour durch die Magadinoebene (Veloland Schweiz, Veloroute 31). Nach einer erholsamen Fahrt erreichen wir schon bald **2>** Tenero am Lago Maggiore. Hier im Centro Sportivo hat die deutsche Fussball-mannschaft während der Euro08 trainiert. Die letzte Wegstrecke führt am See entlang nach **3>** Locarno.

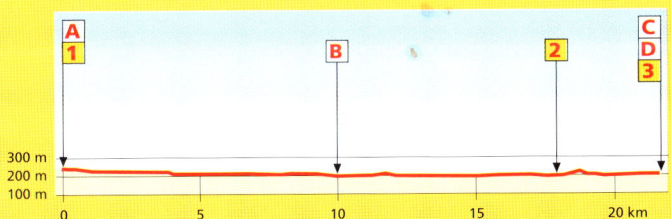

Strecke Leichte, ebene Strecke durch die Magadinoebene. Die Osteria Brack liegt nicht an der ausgeschilderten Veloroute. Ein kleiner Umweg muss deshalb in Kauf genommen werden.
Velovermietung Bahnhöfe Bellinzona und Locarno.
Velokarte Lugano–Locarno–Bellinzona 1:60 000 von Kümmerly+Frey.
www.ticino.ch

C> Piazza Grande, Locarno

C> Locarno

Über Locarno thront die Kirche Madonna del Sasso (Felsen-
madonna). Man erreicht sie mit der Standseilbahn, mit dem Auto
oder zu Fuss auf dem schönen Kreuzweg (Via Crucis). Erbaut wurde
die Wallfahrtskirche Ende des 16. Jahrhunderts. Das Innere ist
überreich stuckiert und mit Fresken geschmückt.
Das pulsierende Herz Locarnos ist seit jeher die Piazza Grande. Hier
finden jedes Jahr zahlreiche Open-Air-Konzerte und natürlich das
weltbekannte Filmfestival von Locarno statt. Wenige Meter von
der Piazza entfernt, in einer Seitengasse versteckt, bietet das
Ristorante Locanda Locarnese eine mediterrane Küche an, die je
nach Saison variiert. Die Atmosphäre wird durch ein grosses
Cheminée und ein Interieur in warmen Holztönen charakterisiert.
Ristorante Locanda Locarnese, Via Bossi 1, 6600 Locarno,
Tel. 091 756 87 56. Montag bis Samstag geöffnet.

D> Lido Locarno

Das neue Lido Locarno ist eine einzigartige Oase für Freizeit, Sport
und Wellness rund um das Thema Wasser. Mit seinen Thermal-
bädern (34 °C), Schwimmbecken, Wasserrutschen sowie Spiel-
becken ist es die bestausgerüstete und modernste Badeanstalt des
Tessins und das ganze Jahr geöffnet. Nicht weniger als fünf
Aussen- und drei Innenbecken sowie vier Wasserrutschbahnen,
darunter eine mit Looping, sorgen für Abwechslung.
Und da ist natürlich noch der See. Schwimmen im Lago Maggiore
macht Spass! Das Wasser ist sehr sauber und im Sommer angenehm frisch. Die Zuflüsse aus den Alpen sind dafür verantwortlich.
360 Tage im Jahr geöffnet. Wer die Wasserrutschen benützen will,
zahlt einen Aufpreis. www.lidolocarno.ch

Ausflug ins wildromantische Maggiatal

Top 2

Locarno–Covergno >34 km

A> Ascona

Jeder kennt Ascona (mildes Klima, südländischer Charme, pittoreske Altstadt). Und jeder in Ascona kennt Ivo Adam. Der junge Mann macht regelmässig von sich reden, ob als Koch-weltmeister, TV-Werbestar oder Buchautor. In Ascona betreibt er zusammen mit der Familie Breuer nicht weniger als vier Restaurants und einen Club. Das **«Seven Easy»** an der Seepromenade von Ascona ist zwar kein typisches Grotto, aber für einmal machen Attribute wie schönes Ambiente, perfekter Service und mediterrane Köstlichkeiten den Besuch mehr als lohnenswert. Ristorante Seven Easy, Piazza G. Motta, 6612 Ascona, Tel. 091 780 77 71. Täglich von 09.00 Uhr bis 01.00 Uhr geöffnet.

B> Vallemaggia

Wenn es richtig Sommer wird, zieht es Tessiner und Touristen in die Seitentäler. Hier findet man Ruhe und Erholung, aber auch Erfrischung an sprudelnden Flüssen. Das bekannteste und grösste unter den Tessiner Tälern, das Vallemaggia, bedeckt ein Fünftel der Fläche des Kantons Tessin. In diesem grossen Tal leben weniger als 6000 Menschen in 22 Dörfern, von denen einige in kleine Weiler aufgesplittert sind.

A> Ascona und die berühmte Seepromenade

Wegbeschreibung Locarno–Covergno >34 km

Wir starten in **1>** Locarno. Über Ascona führt die Strecke der Maggia entlang nach **2>** Ponte Brolla (Veloland Schweiz, Veloroute 31). Von nun an gehts leicht bergauf. Es folgen die Ortschaften **3>** Avegno, **4>** Maggia und das Etappenziel **5>** Covergno. Entspannung verspricht der Fluss Maggia, der herrliche kleine Badelandschaften gebildet hat. Beispiele sind die typischen Wasserbecken unter der Brücke von Aurigeno.

Strecke Leichte bis mittelschwere Strecke. Von Locarno bis nach Covergno sind immerhin über 250 Höhenmeter zu überwinden, die sich aber auf der 34 km langen Strecke ganz schön verteilen. Achtung! Verkehrsreiche Hauptstrassenabschnitte bei Ponte Brolla.

Tipp Der Name «Grotto» rührt von natürlichen Felshöhlen (Grotten) her, in denen die Landbevölkerung im Tessin ursprünglich Wein, Schinken und Käse aufbewahrte.

Velovermietung Bahnhof Locarno.

Velokarte Lugano–Locarno–Bellinzona 1:60 000 von Kümmerly+Frey. www.ticino.ch

B> Abendstimmung im Maggiatal

Exakt an der Stelle, wo sich das Centovalli und das Maggiatal verzweigen, versteckt sich hinter einem Palmengarten das **Ristorante Centovalli**. Auf der Speisekarte ist das Risotto mit Gorgonzola und Pilzen seit 30 Jahren der Star. Danach unbedingt das köstliche Sorbet aus Waldbeeren mit Grappa probieren. Es braucht wirklich nicht viel zum Glück. Nur die richtigen Zutaten. Ristorante Centovalli, 6652 Ponte Brolla, Tel. 091 796 14 44. Mittwoch bis Sonntag geöffnet.

Auf der Weiterfahrt durchs Maggiatal lohnt sich ein Besuch im **Grotto al Bosco**. Serviert werden typische Tessiner Gerichte: Osso Buco, Brasato, Coniglio mit Polenta, Risotto … Oder wie wärs mit einem feinen Käse aus dem Maggiatal, der nach alter Tradition vier bis fünf Monate im Grottokeller reifen durfte und mit knusprigem Brot serviert wird? Herzliche Atmosphäre, freundliche Bedienung. Grotto al Bosco, Via Cantonale, 6670 Avegno, Tel. 091 796 20 23. Geöffnet von Mitte März bis Ende Oktober, Donnerstag geschlossen.

Top
3

Durch die Leventina nach Bellinzona

Airolo–Bellinzona >65 km

A> Airolo

Der Wetterwechsel ist frappant. Bis Göschenen hats geregnet. Und als der Zug in Airolo aus dem Tunnel fährt, blendet die Sonne so stark, dass man augenblicklich die Sonnenbrille aufsetzen muss. Airolo ist der erste Ort im Tal und mit 95 km² die weitläufigste Gemeinde des Tessins. Zu Beginn des 19. Jahrhunderts war der Flecken – nach Lugano – der zweitgrösste Ort des Kantons und als letzter Talort vor dem Gotthardpass sehr bedeutend. Gleich gegenüber vom Bahnhof Airolo befindet sich das **Ristorante Forni**. Die Speisekarte ist angenehm klein gehalten. Die Speisen sind lecker. Hotel/Ristorante Forni, Via Stazione, 6780 Airolo, Tel. 091 869 12 70.

B> Piottino-Schlucht

Kurz unter Rodi-Fiesso steht der Dazio Grande (Grosser Zoll), ein wuchtiger, alter Bau aus der Mitte des 16. Jahrhunderts. Der Dazio war Zollhaus, Sust und Pferdestation. Heute beherbergt das Haus ein kleines Museum sowie das **Locanda Dazio Grande**, ein Restaurant mit guter Küche. Hier kann man die Fahrräder stehen lassen und die darunter liegende Piottino-Schlucht zu Fuss erkunden. Der gepflasterte Weg, der in die Schlucht führt, ist ein Stück der alten «Strada Urana», die vor 500 Jahren entstand und ein wahres Meisterstück der Strassenbaukunst darstellt. Locanda Dazio Grande, 6772 Rodi-Fiesso, Tel. 091 874 60 60. Geöffnet von April bis Dezember, Montag und Dienstag geschlossen.

C> Bei Quinto, auf der Fahrt nach Bellinzona

Wegbeschreibung Airolo–Faido–Biasca–Bellinzona >65 km

Die Tour beginnt in **1>** Airolo. Statt wie gewohnt auf der Autobahn oder auf Bahngleisen gehts diesmal mit dem Velo Richtung Süden. Bald schon erreichen wir **2>** Ambri, eine der beiden Tessiner Eishockeyhochburgen. Weiter, immer bergab, führt uns die Strecke (Veloland Schweiz, Veloroute 3) über **3>** Faido und **4>** Biasca nach **5>** Bellinzona.

Strecke Sportlich stellt die Tour schlichte Ansprüche. Schliesslich fährt man praktisch nur abwärts. Trotzdem darf die Strecke nicht unterschätzt werden. Wer einen Tag mit Nordföhn erwischt, zieht das grosse Los. Bei Gegenwind braucht man ein paar Kalorien mehr.

Tipp Die steilste Standseilbahn der Welt startet in Piotta. Sie wurde 1921 erbaut und hat eine Steigung von 88% (nur von Juli bis Oktober für die Öffentlichkeit in Betrieb). Von der Bergstation ist es nur ein kurzer Spaziergang bis zum Stausee Ritom.

Velovermietung Bahnhöfe Airolo, Biasca und Bellinzona.
www.ticino.ch

F> Wasserfall bei Faido

D> Giornico

Giornico ist ein historisch bedeutsamer Ort. Hier besiegten 600 Leventiner und Urner anno 1478 das über 10 000 Mann starke Mailänder Heer. Besonders sehenswert: die Kirche San Nicolao. Sie gilt als der bedeutendste romanische Bau im Tessin. Mit Sicherheit ist diese 1168 geweihte Kirche eine der schönsten im Schweizerland. Auf dem Kirchhof stehen fröhlicherweise nicht Grabsteine, sondern Rebstöcke, festgezurrt an Balken aus Granit. In einem schattigen Garten unterhalb der Kirche liegt, umgeben von Rebbergen, das **Grotto La Pergola**. Serviert werden Tessiner Spezialitäten wie Minestrone und Alpkäse zu günstigen Preisen. Grotto La Pergola, 6745 Giornico, Tel. 091 864 14 22.

E> Biasca

Wer einen kleinen Umweg in Kauf nimmt, dem sei in Biasca das **Grotto Pini** empfohlen. Typisches Grotto, eingebaut in Höhlen, dort, wo ein Felssturz den Ort begrub. In der Via ai Grotti sind – nomen est omen – noch weitere Grotti, alle mit etwa demselben Angebot, zu finden (Grotto del Mulo, Grotto Lino). Grotto Pini, Via ai Grotti 34, 6710 Biasca, Tel. 091 862 12 21. Von Mitte April bis Mitte Oktober geöffnet.

Top 4 Rund um den San Savatore

Lugano–Lugano >30 km

A> Lago di Lugano

Der Ceresio (See der Kirschbäume) liegt im südlichsten Zipfel des Tessins und streckt seine Arme bis in italienisches Gebiet aus. Von den beiden Luganeser Hausbergen Monte San Salvatore und Monte Brè geniesst man ein schönes Panorama über die Stadt, den See und die Berge. Während im malerischen Morcote am Vormittag die Bettdecken ausgeschüttelt werden und die Geranien frisches Wasser kriegen, öffnen an der Via Nassa in Lugano die schicken Boutiquen, und im Feinschmeckergässchen Via Pessina duftet es nach ofenfrischem Olivenbrot. Die Region am Luganersee schafft es, gleichzeitig als Wirtschaftsmetropole und Bilderbuch aufzutreten – und immer gibt es etwas zu entdecken.

Wer gerne Fisch isst, ist im **Locanda del Boschetto** gut aufgehoben. Man sitzt unter Kronleuchtern zwischen Baumstämmen und fein aufgedeckten Tischen. Die Preise sind moderat. Ein Dreigangmenü mit einem Fisch vom Grill gibts zum Einheitspreis von 47 Franken. Locanda del Boschetto, Via Ronchetto 6, 6900 Lugano, Tel. 091 994 24 93. Montag geschlossen.

B> Swissminiatur Melide

Die Swissminiatur ist eine im Jahr 1959 eröffnete Freiluftanlage und zeigt eine verkleinerte Schweiz. Auf 14 000 Quadratmetern können von März bis November über 120 Häuser, Kirchen, Burgen, Denkmäler und weitere Bauwerke der Schweiz im Massstab 1:25 bewundert werden. Zahlreiche Blumen und Pflanzen verschönern den Park. www.swissminiatur.ch

A> Das Delikatessengeschäft von Lino Gabbani an der Via Pessina in Lugano

Wegbeschreibung Lugano–Melide–Morcote–Agno–Lugano >30 km
Wir beginnen unsere Velotour in **1>** Lugano. Weil der Streckenabschnitt
von Lugano nach Melide entlang einer Hauptstrasse führt, empfehlen wir
das Schiff. In **2>** Melide lohnt sich ein Abstecher zur Swissminiatur.
Weiter gehts dem See entlang nach **3>** Morcote (sehenswert!). Nach
einer ausgiebigen Pause fahren wir über **4>** Agno zurück nach
1> Lugano.

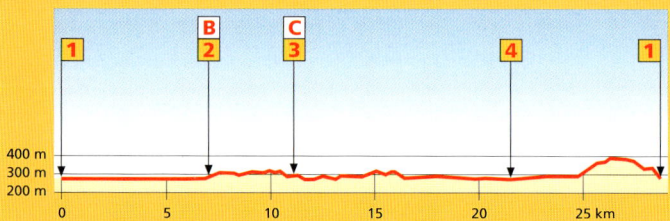

Strecke Der stark verästelte Luganersee spielt die Hauptrolle dieser
schönen und abwechslungsreichen Velotour durch die Sonnenstube der
Schweiz. Leider führen einige Streckenabschnitte über relativ stark
befahrene Strassen.
Velovermietung Bahnhof Lugano, Jugendherberge Figino.
Velokarte Lugano–Locarno–Bellinzona 1:60 000 von Kümmerly+Frey.
www.ticino.ch

C> Morcote

Morcote, die Perle am Luganersee, trumpft auf mit aussergewöhn-
lichen Sehenswürdigkeiten: herrliche Lage, monumentale Treppe
(404 Stufen), beachtenswerte Kirche, berühmter Denkmal-
friedhof … und mittendrin liegt der traumhafte Parco Scherrer, der
«Zaubergarten», den der reiche Sankt Galler Textilkaufmann Arthur
Scherrer (1881–1956) anlegen liess. Hier spaziert man zwischen
Palmen und üppig blühenden Büschen, bewundert Wasserspiele
und Ausstellungsstücke, die Scherrer von seinen Reisen rund um die
Welt mit ins Tessin gebracht hat (geöffnet von März bis Oktober).
Wer will, verköstigt sich in einem der zahlreichen Restaurants
unterwegs oder nimmt den kurzen, aber steilen Anstieg nach Vico
Morcote unter die Räder. Als Belohnung winken die Aussicht auf
See und Berge sowie das **Al Böcc**, eine entzückende Osteria an
herrlicher Lage mit Tessiner Küche. Al Böcc, La Piazza, 6921 Vico
Morcote, Tel. 091 980 26 27. Offen von Februar bis Dezember,
Mittwoch und Donnerstag geschlossen.

C> Morcote, Perle am Lago di Lugano

Top 4 Historische Wege neu entdeckt

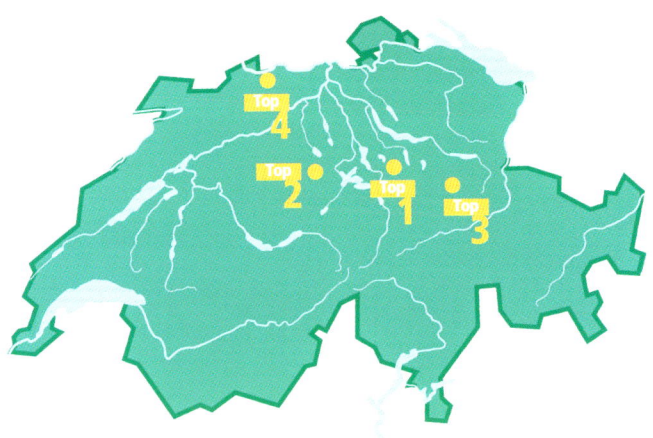

Top 1 **Auf dem Jakobsweg**
1. Etappe: Rapperswil–Schwyz

Top 2 **Auf dem Jakobsweg**
2. Etappe: Luzern–Willisau

Top 3 **Unterwegs mit General Suworow**
Glarus–Elm

Top 4 **Auf den Spuren der Römer**
Rheinfelden–Augst–Pratteln–Basel

Auf dem Jakobsweg

1. Etappe: Rapperswil–Schwyz >55 km

Jakobsweg

Die Pilgerfahrt an das Grab des heiligen Jakobus in Santiago de Compostela (Nordspanien) ist eine der wichtigsten spirituellen Traditionen Europas. Als Teil des europäischen Jakobswegs führt die Via Jacobi dem Alpenfuss entlang vom Bodensee nach Genf – quer durch die Schweiz. Wie Perlen auf einer Kette reihen sich Kapellen, Kirchen und Herbergen entlang der Pilgerstrasse aneinander.

A> Holzbrücke Rapperswil–Hurden

Der schmale Durchgang zwischen dem Zürich- und dem Obersee wurde von den Anwohnern schon immer zur Überquerung des Gewässers benutzt. Bis ins Mittelalter geschah dies mit Fährbooten. 1354 beschloss Herzog Rudolf IV. den Fährverkehr durch eine hölzerne Brücke zu ersetzen. 500 Jahre lang verband die Holzbrücke die beiden Ufer. 1878 wurde ein steinerner Damm mit Bahngeleise und Strasse gebaut. Heute wird der Damm täglich von 24 000 Motorfahrzeugen und 75 Zügen befahren. Ein Spaziergang auf dem Dammtrottoir machte schon lange kein Vergnügen mehr. Am 6. April 2001 wurde deshalb ein neuer Fussgängersteg eingeweiht. Es handelt sich um die längste Holzbrücke der Schweiz (841 m). Sie steht auf 233 Pfählen. Wie in früheren Jahren ist die neue Brücke wieder zu einem Teil des Pilgerwegs geworden. Unterwegs kommt man an der Brückenkapelle «Heilig Hüsli» von 1551 vorbei.

A> Pilgersteg über den Obersee bei Rapperswil

Wegbeschreibung Rapperswil–Einsiedeln–Schwyz >55 km

Wir starten unsere Velotour in 1> Rapperswil, überqueren den Seedamm auf der neu erstellen Holzbrücke und folgen den Wegweisern bis 2> Einsiedeln (Veloland Schweiz, Veloroute 9). Hier haben wir uns einen ausgiebigen Halt verdient, immerhin haben wir noch einen langen Weg vor uns. Weiter geht die Fahrt über das Hochmoor von Rothenturm nach 3> Sattel. Hier verlassen wir die Veloroute 9 und fahren über 4> Steinen (Ursprung des berühmten Ländlerstücks «Steiner Chilbi») zu unserem Etappenort 5> Schwyz.

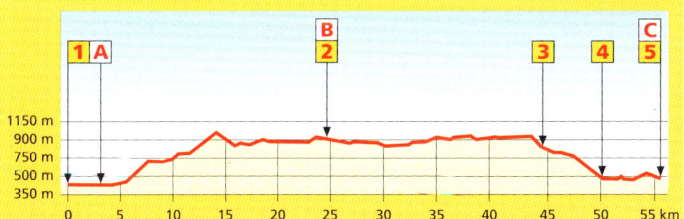

Strecke Die Strecke darf nicht unterschätzt werden. Ein happiger Aufstieg von Pfäffikon SZ nach Einsiedeln (500 Höhenmeter) und die Länge der Strecke sprechen für sich.

Tipp «Der Weg der Schweiz», das Gemeinschaftswerk der Schweizer Kantone zur 700-Jahr-Feier der Schweiz 1991, beginnt auf dem Rütli, der Geburtsstätte der Eidgenossenschaft, und endet in Brunnen auf dem Auslandschweizerplatz.

Velovermietung Bahnhof Rapperswil. Bergbahn Sattel–Hochstuckli.

Velokarte Schwyz–Glarus 1:60 000 von Kümmerly+Frey.

www.zuerichsee.ch

www.schwyz-tourismus.ch

C> Forum Schweizer Geschichte, Schwyz

B> Einsiedeln

Imposanter Mittelpunkt Einsiedelns und Ziel unzähliger Pilger ist die barocke Klosteranlage aus dem 18. Jahrhundert. Das Benediktiner-kloster hat eine gut tausendjährige Geschichte. Seit dem Mittelalter ist der Ort mit seiner «Schwarzen Madonna» einer der bedeutends-ten Wallfahrtsorte Europas. www.kloster-einsiedeln.ch

C> Schwyz

Dem Städtchen Schwyz verdankt die Schweiz ihren Namen und auch das Wappen. Im Bundesbriefmuseum werden die wichtigsten Dokumente der Ur-Schweiz aufbewahrt, darunter die Gründungs-urkunde der Eidgenossenschaft. Erstaunt muss man feststellen, dass die prächtigsten Dokumente nicht die bedeutendsten sind. Der Bundesbrief von 1291, das Dokument schlechthin, ist knapp so gross wie ein A4-Blatt im Querformat. www.bundesbriefmuseum.ch Im Forum der Schweizer Geschichte, das sich in einem ehemaligen Korn- und Zeughaus befindet, kann multimedial miterlebt werden, wie die alten Eidgenossen zwischen 1300 und 1600 gelebt haben. www.nationalmuseum.ch

D> Brunnen

In Brunnen, einem beliebten Ferienort, hat man einen grandiosen Panoramablick über den Urnersee. Am gegenüberliegenden Ufer ragt der knapp 30 m hohe Schillerstein aus dem Wasser. Links von ihm liegt die berühmte Rütliwiese.

Auf dem Jakobsweg
2. Etappe: Luzern–Willisau >37 km

A> Vierwaldstättersee
Rigi, Pilatus, Bürgenstock – der von bekannten Ausflugsbergen umgebene Vierwaldstättersee erinnert an eine norwegische Fjord-Landschaft. Die Seitenarme und die zum Teil steil abfallenden Seeufer sind typisch für diesen wohl schönsten Schweizer See. Der See hat seinen Namen nach den vier «Waldstätten», die ihn umgeben, den Urkantonen Uri, Schwyz, Unterwalden und Luzern.

B> Luzern
Der See – die Berge – die Stadt. Eine Landschaft wie aus dem Bilderbuch. Seit über hundertfünfzig Jahren ist Luzern (62 000 Einwohner) ein touristischer Anziehungspunkt. Und seit das Luzerner Kultur- und Kongresszentrum, ein Prachtsbau von Stararchitekt Jean Nouvel, seine Säle öffnete, strömen sogar Musik-, Architektur- und Kulturbeflissene in die Leuchtenstadt. Das mittelalterliche Zentrum liegt am Nordufer der Reuss und ist vom Bahnhof her über die 204 m lange überdachte Kapellbrücke zu erreichen. Die pittoreske Altstadt bezaubert durch herrschaftliche Bürgerhäuser und brunnengeschmückte Plätze. Weitere Sehenswürdigkeiten: Wasserturm, Jesuitenkirche, Löwendenkmal, Rathaus …

B> Die Leuchtenstadt Luzern macht ihrem Namen alle Ehre

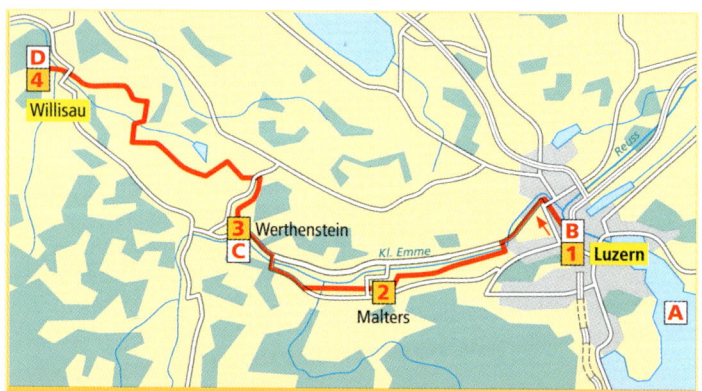

Wegbeschreibung Luzern–Werthenstein–Willisau >37 km

Unserer Velotour beginnt in **1>** Luzern. Die Fahrt führt durch Luzerner Agglomerationsgemeinden über **2>** Malters nach **3>** Werthenstein (Veloland Schweiz, Veloroute 24.) Hier zweigen wir rechts ab und fahren auf der Veloroute 73 drei, vier Kilometer nach Norden, bis wir auf die Veloroute 38 stossen. Diese führt uns querfeldein nach **4>** Willisau.

Strecke Leichte Strecke ohne nennenswerte Steigungen. Rund um Luzern ist das motorisierte Verkehrsaufkommen beträchtlich. Glücklicherweise sind Velowege keine Mangelware.

Tipp In der ehemaligen Willisauer Käserei Käppelimatt richtete Seppi Stadelmann alias Fläsche-Sepp ein Flaschenmuseum ein. Seine Kollektion von über 25 000 Flaschen ist europaweit einzigartig. Das Museum ist nur sporadisch geöffnet. www.flaschenmuseum.ch

Velovermietung Bahnhöfe Luzern, Willisau.

Velokarten Luzern–Vierwaldstättersee 1:60 000, Emmental 1:60 000 von Kümmerly+Frey.

www.luzern.com
www.willisau-tourismus.ch

C> Das Kloster Werthenstein liegt auf einem Felssporn und ist von Weitem sichtbar

C> Kloster Werthenstein

Ein niederländischer Goldwäscher soll um 1500 hier in der Nähe
eine Erscheinung gehabt haben. Die heutige Kirche wurde ab 1608
errichtet, bis 1636 erfolgte der Bau des Franziskanerklosters, um die
Pilgerscharen zu betreuen. In der Hochblüte der Wallfahrt im
17./18. Jahrhundert pilgerten pro Jahr mehrere zehntausend
Menschen nach Werthenstein. Mit den Jakobsweg-Wanderern
nehmen die Pilgerzahlen heute wieder zu.

D> Willisau

Willisau, im Luzerner Hinterland, überzeugt mit seinen mittelalterlichen Wehrbauten und einer prächtigen Hauptgasse. Besonders
augenfällig sind die drei siebeneckigen Stadtbrunnen. Neben dem
Obertor steht die Wallfahrtskapelle Heiligblut (1674) mit bemalter
Holzdecke. Wer miterleben will, wie die Willisauer Ringli, ein hartes,
sehr geschmackvolles Honig-Rundgebäck mit langer Tradition,
hergestellt werden, geht ins Ringli-Land der Firma Hug AG in
Willisau. www.hug-luzern.ch

Top 3 Unterwegs mit General Suworow
Glarus–Elm >21 km

General Suworows Marsch durch die Alpen

Die morsche alte Eidgenossenschaft war 1798 von den französischen Truppen besetzt worden. Im September 1799 erhielt Suworow in Italien den Auftrag, die Franzosen aus der Schweiz zu vertreiben, um später in Frankreich einzufallen. Am 24. September eroberte er den Gotthard-Pass. Der Marsch führte weiter nach Norden, wobei die Suworow-Armee über den Kinzigpass ins Muotatal abgedrängt wurde. Nur unter hohen Verlusten gelang den Russen am 1. Oktober ein Ausbruch über den Pragelpass und das Klöntal nach Glarus. Von den 25 000 Soldaten überlebte nur die Hälfte. Geschlagen kehrte die Armee nach Hause zurück.

A> Glarnerland

«Zigerschlitz», so wird der kleine Kanton durchaus zutreffend genannt: Wer von Norden aus der Linthebene hierherkommt, hat ein enges, von hohen Bergen eingeschlossenes Tal vor sich. Und was hat es mit dem Ziger auf sich? Der Ziger ist ein Frischkäse, aus dem unter Beigabe von Hornklee die Spezialität des Glarnerlandes gemacht wird, der harte Schabziger.

B> Tektonikarena Sardona

Die Gipfel der Tschingelhörner sind deutlich dunkler als ihre Basis, wobei die Schichten messerscharf voneinander getrennt sind. Im Grenzgebiet der Kantone St. Gallen, Glarus und Graubünden ist dieses Phänomen, die «Glarner Hauptüberschiebung», zu beobachten. Aussergewöhnlich daran ist, dass hier das junge Material unten liegt – lange Zeit ein Rätsel für die Geologen und so einzigartig, dass es 2008 in das Welterbe der UNESCO aufgenommen wurde.

B> Tektonikarena Sardona

Wegbeschreibung Glarus–Schwanden–Elm >21 km

Wir starten unserer Velotour in **1>** Glarus und fahren über **2>** Schwanden nach **3>** Elm (Veloland Schweiz, Route 83).

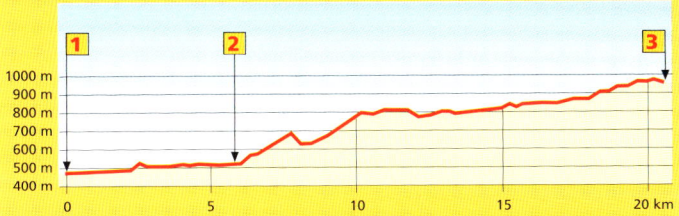

Strecke Die Strecke führt auf Nebenstrassen stetig bergauf und ist deshalb nur für geübte Velofahrer geeignet. Immerhin sind auf einer relativ kurzen Strecke (20 km) über 500 Höhenmeter zu überwinden.
Tipp Dank Elmer Citro, einem Limonadengetränk, ist der Name Elm bei Gross und Klein in der ganzen Schweiz bekannt. Das Wasser stammt aus den alpinen St.-Martinsquellen. Diese liegen oberhalb des Dorfes auf 1200 m ü.M. tief im Berginnern.
Velokarte Schwyz–Glarus 1:60 000 von Kümmerly+Frey.
www.glarusnet.ch

C> Suworow-Haus in Elm

C> Sernftal

Hinterstes Dorf im Sernftal ist Elm (960 m). Hier gruppiert sich rund um die Kirche der besonders schöne Dorfkern mit zahlreichen unter Denkmalschutz stehenden Häusern. Im grossen Tschingelhorn (2850 m) hat die Natur auf 2642 m, knapp unter dem Grat, einen 17 m hohen und 19 m breiten Felstunnel geschaffen, der seit jeher **Martinsloch** genannt wird. Jedes Jahr acht Tage vor dem astronomischen Frühlingsbeginn und acht Tage nach dem astronomischen Herbstanfang scheint die Sonne bei klarem Wetter kurz vor dem eigentlichen Sonnenaufgang durch das Martinsloch auf die Kirche von Elm. Die Bescheinung dauert nur zwei, drei Minuten, dann verschwindet die Sonne, um zehn Minuten später definitiv aufzugehen. Dieses «Naturwunder» zieht jedes Jahr im Frühling und im Herbst viele Schaulustige an.

Im Dorf Schwanden, da, wo das Sernftal vom Glarner Haupttal abzweigt, erinnert das Suworow-Museum an den Alpenzug des russischen Generals im Jahr 1799. Und in Elm steht das Suworow-Haus. Seinen Namen erhielt es, weil Suworow in diesem Haus eine kurze Nacht verbrachte, bevor er mit seiner Armee über den verschneiten Panixerpass ins Bündnerland floh.

Top 4 Auf den Spuren der Römer

Rheinfelden–Basel >25 km

Römer in der Schweiz

Am Anfang waren die Römer. Mit ihren Eroberungszügen vor mehr als 2000 Jahren begann eine neue Epoche im Gebiet der heutigen Schweiz. Städte, ein Legionslager und Strassen entstanden. Die römische Herrschaft über die Gebiete nördlich der Alpen – und damit auch über die Schweiz – endete im Jahre 401 n. Chr. Die Begeisterung für die römerzeitliche Bautechnik und Kultur ist bis heute geblieben.

A> Rheinfelden

Rheinfelden, hübsch am linken Rheinufer gelegen, gilt als früheste Gründung der Zähringer. Der mittelalterliche Stadtkern, die mit Fresken verzierten Fassaden, Torbögen und Türme sowie das kunstvoll gebaute Rathaus mit gotischem Treppenaufgang zeugen von der reichen Vergangenheit des Städtchens.

B> Augusta Raurica

Geschichte zum Anfassen: Augusta Raurica bei Augst/Kaiseraugst ist eine 2000 Jahre alte Siedlung am Südufer des Rheins, benannt nach dem Keltenstamm der Rauriker und dem römischen Kaiser Augustus. Zur Blütezeit beherbergte die Stadt bis zu 20 000 Einwohner. Werkstätten, Handelshäuser, Tavernen, Tempel und öffentliche Bäder reihten sich dicht an dicht. Das römische Theater, das Museum mit dem Silberschatz, das Römerhaus, der Tierpark mit alten Tierrassen sowie die Stadtüberreste bieten Einblicke in das tägliche Leben der Menschen in der Zeit um Christi Geburt. www.augusta-raurica.ch

B> Römisches Theater in Augusta Raurica

Wegbeschreibung Rheinfelden–Augst–Pratteln–Basel >25 km
Wir starten unserer Velotour in **1>** Rheinfelden und fahren über **2>**
Augst, **3>** Pratteln und Muttenz nach **4>** Basel (Veloland Schweiz, Route
2). Die Römerstadt Augusta Raurica liegt direkt an der Route. Wer die
Rheinsalinen besuchen will, folgt in Pratteln dem Wegweiser in Richtung
Schweizerhalle. Das Erlebnisbad acquabasilea befindet sich im Industrie-
quartier von Pratteln.

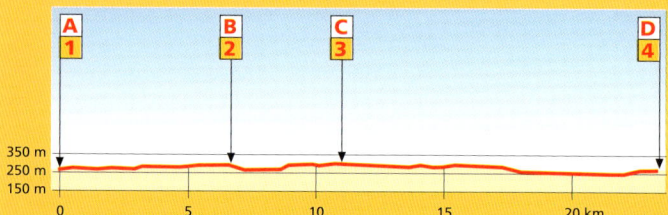

Strecke Leichte, abwechslungsreiche Strecke. Anfangs verläuft die Fahrt
entlang des Rheins, später durch die Basler Vorortgemeinden Pratteln
und Muttenz. In Basel bieten sich zahlreiche Sehenswürdigkeiten zur
Besichtigung an (Münster, Pfalz, Kunstmuseum …).
Essen & Trinken Osteria Acqua, Binningerstrasse 14, 4051 Basel,
Tel. 061 271 63 00. Dienstag bis Samstag geöffnet. Einfache und frische
Küche. In-Lokal gleich neben dem Zoo.
Tipp Der Zoo Basel, von den Baslern liebevoll «Zolli» genannt, ist für
seine Zuchterfolge weltberühmt. Etwa 8000 Tiere aus über 600 Arten
leben in ihren Anlagen, die ihrer natürlichen Umwelt so weitmöglichst
nachgebildet wurden. Der Zoo Basel hat 365 Tage im Jahr geöffnet.
Velovermietung Bahnhof Basel SBB.
Velokarte Basel 1:60 000 von Kümmerly+Frey.
www.baselland-tourismus.ch
www.basel.com

C> Pratteln

Pratteln ist ein typischer Vorort von Basel. Zur Gemeinde gehört auch das Industriegebiet Schweizerhalle. Seit 1837 gewinnen hier die Schweizer Rheinsalinen den lebenswichtigen Rohstoff Salz und sichern damit die Versorgung der Schweiz. Wer will, kann in der Saline die Förderung des «weissen Goldes» von der Sole (Salzwasser) bis zum Salzkristall vor Ort mitverfolgen (Besuch nur nach Voranmeldung möglich). www.rheinsalinen.ch

Müde vom Velofahren? Im Erlebnisbad aquabasilea findet Gross und Klein die willkommene Abwechslung. www.aquabasilea

D> Basel

Basel (170 000 Einwohner) ist die drittgrösste Stadt der Schweiz. Sie liegt im Dreiländereck Schweiz/Deutschland/ Frankreich und bildet zusammen mit den beiden Landgemeinden Riehen und Bettingen den Kanton Basel-Stadt. Eines der Wahrzeichen von Basel ist der Rhein. Als wichtiger Transportweg für den Handel trug der grosse europäische Strom viel zur Entwicklung der Stadt bei. Chemisch-pharmazeutische Firmen von Weltruf, zahlreiche Banken, Versicherungen und Transportfirmen sowie die Bank für internationalen Zahlungsausgleich (BIZ) haben in der Stadt am Rheinknie ihren Sitz.

D> Wild Maa, Leu, Vogel Gryff, Ueli – vier Fähren verbinden Gross- mit Kleinbasel

Top

Im Reich der hohen Berge

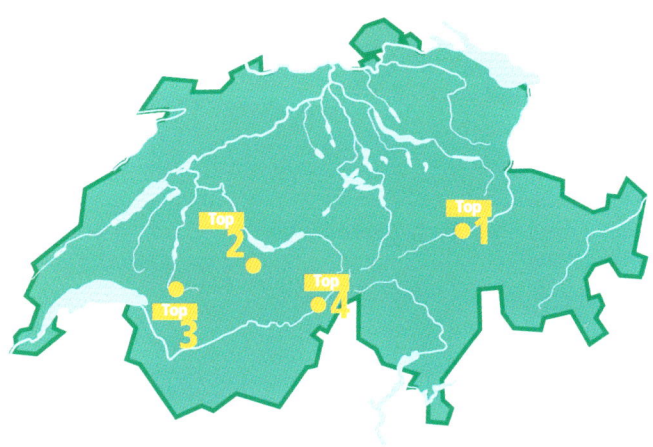

Am jungen Rhein
Ilanz–Chur >36 km

A> Ilanz

Ilanz (2400 Einwohner) ist eine Gemeinde in der Surselva und ihres Zeichens die erste Stadt am Rhein. Der Ort ist Ausgangspunkt für Ausflüge in die Seitentäler der Surselva wie ins Val Lumnezia oder ins Valsertal (Therme Vals). Unterhalb von Ilanz fliesst der Rhein durch eine eindrückliche Schlucht.

B> Rheinschlucht

Die Ruinaulta (Rheinschlucht) ist eine bis zu 400 Meter tiefe Schlucht des Vorderrheins zwischen Ilanz und der Mündung des Hinterrheins und eine der grossartigsten und vielfältigsten Land-schaften der Schweiz. Hier ereignete sich vor etwa 15 000 Jahren der grösste Bergsturz der Alpen, dadurch musste sich der Rhein einen neuen Weg suchen, und es entstand der «Swiss Grand Canyon». Die unvergleichliche Geologie in diesem Abschnitt sowie die vielfältige Pflanzen- und Tierwelt laden zu einmaligen Exkur-sionen ein. Beliebt sind auch Schlauchbootfahren zwischen Ilanz und Reichenau.

C> Caumasee, Flims

Mitten im Flimser Tannenwald liegt der wunderschöne Caumasee. Hier sieht es ein bisschen aus wie im Märchen. Oder doch wie in Kanada? In der Mitte des Sees hebt sich eine Bilderbuchinsel aus dem Wasser, bunte Luftmatratzen, Pedalos und Schwimmer treiben im glasklaren Wasser. Bereits 1907 wurde für die vornehmen Gäste ein Badehaus gebaut. Heute gibt es auch ein Restaurant mit

B> Die Rhätische Bahn im Grand Canyon der Schweiz

Wegbeschreibung Ilanz–Bonaduz–Chur >36 km

Wir beginnen unsere Tour in **1>** Ilanz. Ein paar Kilometer später tauchen wir bereits ein in die faszinierende Landschaft rund um die Rheinschlucht. Wir geniessen die Aussicht, die uns der Veloweg bietet (Veloland Schweiz, Veloroute 2). Über **2>** Bonaduz und **3>** Domat/Ems fahren wir wenig später in **4>** Chur ein.

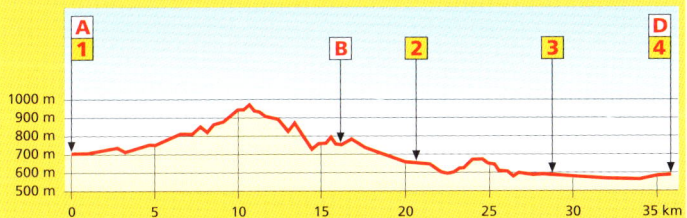

Strecke Faszinierende Tour entlang des Vorderrheins mit tiefgründigen Einblicken in die Ruinaulta. Bei Versam gibt es einige heikle Stellen, die mit besonderer Vorsicht zu befahren sind.
Velovermietung Bahnhöfe Ilanz, Chur.
Velokarte Sarganserland–Walensee–Chur 1:60 000 von Kümmerly+Frey.
www.graubuenden.ch

D> In der Churer Altstadt

Sonnenterrasse, Liegewiesen, Duschen und ausgebaute Fusswege rund um den See. Das Wasser wird im Sommer 20 Grad warm. www.caumasee-flims.ch

D> Chur

Chur, die Hauptstadt Graubündens, blickt auf 5000 Jahre Siedlungsgeschichte zurück und bezeichnet sich deshalb als die älteste Stadt der Schweiz. Heute fahren die meisten auf dem Weg in den Süden oder in die Berge (26 Bündner Ferienorte sind in weniger als einer Stunde von Chur aus erreichbar) an der Stadt vorbei. Dabei bietet die Alpenstadt einiges, das man sich nicht entgehen lassen sollte. Sehenswürdig sind besonders das bischöfliche Schloss, die dreischiffige Kathedrale und die bestens erhaltene Churer Altstadt. Im Ort sind erstklassige Kulturinstitute angesiedelt: das Bündner Kunstmuseum mit Werken von Segantini, Giacometti und Kirchner, das Kulturforum Würth mit über 14 000 Exponaten und das Bündner Naturmuseum mit einer Ausstellung über die einheimische Tier- und Pflanzenwelt.
www.buendner-kunstmuseum, www.kulturforum-wurth.ch, www.naturmuseum.gr.ch

Top 2 **Durchs Kandertal**
Kandersteg–Thun >40 km

A> Kandersteg

Das Bergdorf Kandersteg zieht sich, umgeben von kühnen Berg-
massiven, fast 4 km im grünen Talboden hin. Neben hübschen
Bauernhäusern und zwei kleinen Kirchen verfügt der Ort über 20
Hotels. Im 1582 m hoch gelegenen Oeschinensee spiegelt sich der
gewaltige Fels- und Gletscherzirkus der Blümlisalp. Man fährt von
Kandersteg mit einer Gondelbahn (Mai bis Oktober) hinauf und
spaziert in 30 Minuten über die Matten zum See.

B> Blausee

Bereits vor 150 Jahren war der Blausee weitum bekannt und ein
beliebtes Ausflugsziel. So schrieb der deutsche Reisejournalist Karl
Baedeker in seinem Reiseführer «Die Schweiz»: «...im Tannenwald
versteckt liegt der kleine See, merkwürdig durch sein blaues
Farbenspiel und seine malerische, mit Tannen bewaldete Umgebung.» Heute wie damals ist der Naturpark Blausee ein Kleinod der
Berner Alpen. Der tiefblaue See mit seinem kristallklaren Wasser
liegt in einem 20 Hektaren grossen, verträumten Naturpark. Der
Park lockt mit Spazierwegen, Picknickplätzen, einer Schifffahrt im
Glasbodenboot, einer Forellenzucht und einem Hotel/Restaurant.
www.blausee.ch

A> Unterwegs in Kandersteg

Wegbeschreibung Kandersteg–Frutigen–Reichenbach–Thun >40 km
In **1>** Kandersteg, umgeben von Bergriesen, beginnt unsere Velotour.
Sie führt uns hauptsächlich auf Naturstrassen und entlang der wild
schäumenden Kander hinunter nach **2>** Frutigen und dann weiter über
3> Reichenbach nach **4>** Wimmis (Veloland Schweiz, Veloroute 64).
Wir fahren weiter bis **5>** Amsoldingen. Hier verlassen wir die Route 64
und fahren über die Route 4 nach **6>** Thun.

Strecke Nicht vergessen: Die Tour führt durch ein Alpental. Rasante
Abfahrten und starkes Gefälle sind zwar nicht die Regel, kommen aber
vor. Deshalb ist die Strecke nur für geübte Velofahrer zu empfehlen. Ab
Frutigen säumen prächtige Häuser und duftende Wiesen den Veloweg.
Kurz vor Thun, in Amsoldingen, steht eine romanische Basilika, die vor
tausend Jahren gebaut wurde.
Essen & Trinken Restaurant Blausee, 3717 Blausee, Tel. 033 672 33 33.
Schöne Sonnenterrasse. Jugendstilhaus. Gasthaus Bären, 3713 Reichen-
bach, Tel. 033 676 12 51. Prächtiger Holzbau mit gemütlichen Gast-
stuben und grosser Terrasse.
Velovermietung Bahnhöfe Kandersteg, Spiez, Thun.
Velokarte Berner Oberland–Simmental 1:60 000 von Kümmerly+Frey.
www.kandertal.ch

D> Während der Saison (Mitte April bis Mitte November) fährt die Niesenbahn täglich im Halbstundentakt

C> Tropenhaus Frutigen

Beim Bau des Lötschberg-Basistunnels wurde eine Warmwasser-quelle entdeckt. Pro Sekunde fliessen hier rund 100 Liter bis zu 20 Grad warmes Wasser aus dem Lötschberg. Das Tropenhaus Frutigen nutzt diese Energie zur Aufzucht von Stören. Auch ein Treibhaus für Tropenfrüchte wird mit dem Lötschbergwasser beheizt. Im Besucherzentrum erfahren Interessierte Wissenswertes über die eingesetzten Energien und die geschlossenen Kreisläufe im Tropenhaus. Und im Shop nebenan werden Früchte, Gewürze, geräucherte Störfilets und Kaviar angeboten. www.tropenhaus-frutigen.ch

D> Thunersee

Niesen (2362 m), Stockhorn (2190 m) und Niederhorn (1950 m) sind die bekannten Panoramaberge rund um den Thunersee. Sie sind Ausgangspunkt schöner Wanderungen und herausfordernder Bike-Touren. Neben der Niesenbahn befindet sich die längste Treppe der Welt. Die Diensttreppe (Betreten verboten!) der Standseilbahn von Mülenen auf den Niesen führt mit genau 11 674 Stufen zum Gipfel hinauf. www.niesen.ch

Auf der Schoko-Käse-Route

Top 3

Bulle–Gstaad >45 km

A> Bulle

Bulle (17 500 Einwohner) ist der politische, wirschaftliche und kulturelle Mittelpunkt des Greyerzerlandes. Sehenswert ist das wehrhafte Schloss aus dem 13. Jahrhundert.

B> La Maison Cailler

In Broc steht die Fabrik von Cailler. Seit 1898 wird hier aus Greyerzer Milch feine Schweizer Milchschokolade hergestellt. Cailler hat für Schoko-Liebhaber ein Besucherzentrum eingerichtet. Hier kann man den Chocolatiers bei der Arbeit über die Schulter schauen, Schokolade degustieren und kaufen. www.cailler.ch

C> Gruyères

Das mittelalterliche Städtchen Gruyères (Greyerz) liegt auf einem Felssporn und ist schon von weitem sichtbar. Der Ort ist ein beliebtes Ausflugsziel und im Sommer oft überlaufen. Es empfiehlt sich deshalb, das Städtchen am Vormittag zu besuchen. Überragt werden die Häuser und die einzige Gasse des Ortes vom Château de Gruyères. Unterhalb des Städtchens lohnt sich ein Besuch der Schaukäserei «La Maison du Gruyère». Zweimal täglich liefern die Bauern hier ihre Milch ab. Vor den Augen der Besucher stellt der Käsermeister pro Tag bis zu 48 Greyerzer Käselaibe her. En Guete!

C> Schloss Gruyères

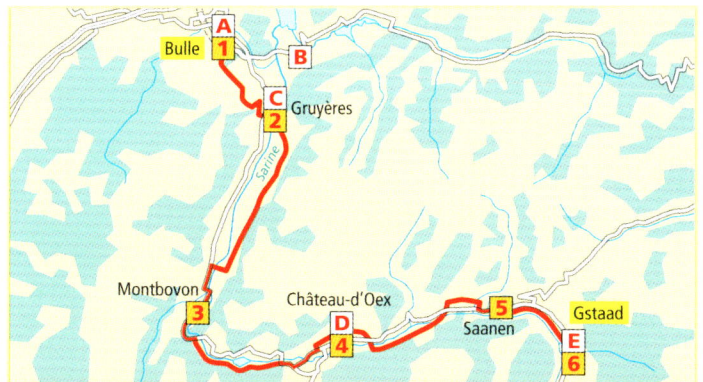

Wegbeschreibung Bulle–Gruyères–Château-d'Oex–Gstaad >45 km

Die Tour beginnt in **1>** Bulle, dem Hauptort des Greyerzerlandes. Wenig später sind wir bereits in **2>** Gruyères. Hier lohnt sich ein Besuch der Schaukäserei und des Städtchens mit dem Schloss. Entlang der Sarine (später Saane) und vorbei an einer archaisch anmutenden Landschaft radeln wir über **3>** Montbovon, **4>** Château-d'Oex und **5>** Saanen nach **6>** Gstaad.

Strecke Kuhherden, Chalets, Käsereien und Schneeberge …, die Landschaft durch das Greyerzerland nach Gstaad präsentiert sich von ihrer schönsten Seite. Trotzdem darf nicht vergessen werden, dass fast 700 Höhenmeter überwunden werden müssen. Zum Glück nicht auf einmal, sondern nach und nach.
Velovermietung Bahnhöfe Bulle, Gstaad.
Velokarte Gruyère–Montreux–Château-d'Oex 1:60 000 von Kümmerly+Frey.
www.la-gruyere.ch
www.gstaad.ch

E> Allianz Swiss Open Gstaad

D> Château-d'Oex

Château-d'Oex hat sich dank seines günstigen Mikroklimas zur
Heissluftballon-Metropole entwickelt. Das ganze Jahr hindurch
werden Passagierflüge angeboten, und jeweils im Januar findet ein
internationaler Wettbewerb im Heissluftballonfliegen statt. Piloten
aus der ganzen Welt nehmen daran teil – ein farbenfrohes
Spektakel mit Tausenden von Zuschauern.
www.ballonchateaudoex.ch

E> Gstaad

Nach Zermatt und St. Moritz zählt Gstaad (1050 m) zu den
renommiertesten Ferienorten der Schweiz. Hier wohnt und trifft
sich die Prominenz. Im verkehrsfreien Dorfzentrum reihen sich
Restaurants, Geschäfte, Hotels und Bars harmonisch aneinander.
Die umliegenden Ski- und Wandergebiete werden von drei Berg-
bahnen erschlossen. «Herausragendes» Wahrzeichen ist das Palace
Hotel, ein 1912 erbautes Märchenschloss. Jährlich findet hier ein
ATP-Tennisturnier statt.

Durchs Goms

Top 4

Oberwald–Brig >50 km

A> Goms

Das Hochtal, das vom Rotten (Rhone) durchflossen wird, wurde schon im 8. Jahrhundert von Alemannen besiedelt und urbar gemacht. Viele Gommer verliessen im Verlaufe der Jahrhunderte das Wallis und siedelten sich im Berner Oberland, im Rheintal, in Vorarlberg und Bayern an. Eine Ursache für die mittelalterlichen Walserwanderungen war der wachsende Bevölkerungsdruck und die Suche nach neuen landwirtschaftlichen Anbauflächen.

B> Dampfbahn Furka-Bergstrecke

Mit der Eröffnung des Basistunnels zwischen Realp und Oberwald im Jahr 1982 wurde die 17,8 km lange Furka-Bergstrecke überflüssig. Eisenbahn-Enthusiasten retteten die attraktive Schienenverbindung vor dem Abbruch und machten sie in über 25-jähriger Fronarbeit betriebsfähig. So kann sie heute wieder mit bald hundert Jahre alten Dampfloks und mit historischen Reisezugwagen befahren werden. www.furka-bergstrecke.ch

D> Auf den Spuren von Cäsar Ritz

Alle Wege der Hotellerie führen zu Cäsar Ritz (1850–1918). Diesem Leitgedanken folgt der 5 km lange «Lebensweg Cäsar Ritz» von und nach Niederwald, dem Geburtsort von Cäsar Ritz. Mit Hilfe von sieben Tafeln wird der Wanderer durch das eindrückliche Leben des

C> Muttergotteskapelle im Ritzinger Feld

Wegbeschreibung Oberwald–Münster–Ernen–Brig >50 km
Unsere Tour beginnt in **1>** Oberwald, wo die Rhone ihren Ursprung hat.
Die Strecke führt über **2>** Ulrichen und **3>** Münster nach **4>** Ernen.
Hier lohnt ein Halt, schliesslich wurde das Dorf im Jahre 1979 mit dem
Wakkerpreis ausgezeichnet. Weiter gehts über **5>** Mörel nach **6>** Brig
(Veloland Schweiz, Veloroute 1).

Strecke Mit wenigen Ausnahmen führt die Tour über den Rottenweg
am linken Rhone-Ufer talabwärts. Bei Ausserbinn sind Steuer- und
Bremskünste gefragt. Im Zweifelsfall darf das Velo auch geschoben
werden.
Essen & Trinken Restaurant St. Georg, 3995 Ernen, Tel. 027 971 11 28.
Prächtiges Haus von 1535 am Hauptplatz. Urige Beiz im Erdgeschoss.
Terrasse am Platz.
Tipp Brigerbad (zwischen Brig und Visp): Grösstes Freiluft-Thermalbad
der Schweiz mit Wasserrutschbahn (152 m) und Grottenschwimmbad
(40 °C).
Velovermietung Bahnhöfe Oberwald, Brig.
Velokarte Berner Oberland Ost–Goms 1:60 000 von Kümmerly+Frey.
www.goms.ch

Gommer Bürgers geführt, an den heute Ritz-Charlton-Hotels in fast 20 Ländern erinnern. Der Weg folgt auch in seiner Symbolik dem Leben von Ritz: ein holpriger, steiniger Beginn, der sich allmählich ebnet und schliesslich in weite Bahnen mündet. www.caesar-ritz.ch

E> Ernen

Ernen ist das schönste Dorf im unteren Goms. Seine malerischen Häuser sind mit Friesen, Wappen und Sinnessprüchen geschmückt. Jeden Sommer finden in Ernen hochkarätige Klassikkonzerte statt. Sehr lohnend ist ein Abstecher ins abgelegene Binntal, das als Mineralienfundort weltberühmt ist und über eine reiche Flora verfügt. www.musikdorf.ch

F> Stockalperpalast, Brig

Kaspar von Stockalper (1609–1691) war der Fugger der Alpen. Er verkaufte neben Salz und Eisenerz vor allem Söldner ins Ausland. Als «König des Simplons» ging er schliesslich in die Walliser Geschichte ein. Der Stockalperpalast in der Briger Altstadt zeugt von seinem Reichtum. Drei Türme mit vergoldeten Zwiebeln beherrschen den Hof. Sie tragen die Namen der Heiligen Drei Könige, der höchste wird Kaspar genannt. Das Schlossmuseum stellt Dokumente zum Leben Kaspar Stockalpers aus, daneben ist eine Sammlung zur Oberwalliser Volkskunde und Kulturgeschichte zu sehen.

F> Stockalperpalast in Brig

Top 4
Unterwegs mit Velo, Fernglas und Fingerspitzengefühl

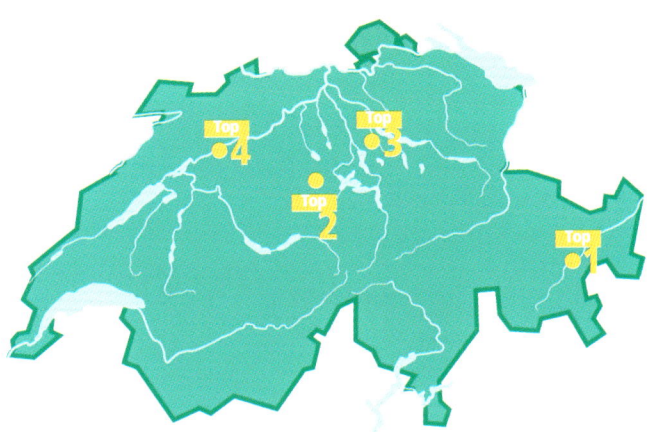

Dem Nationalpark entgegen

St. Moritz–Zernez >37 km

A> St. Moritz

St. Moritz ist einer der bekanntesten und traditionsreichsten Ferienorte der Welt. Der Name ist als Qualitätsmarke geschützt und steht
weltweit für Stil, Eleganz und Klasse. Das trockene, prickelnde
«Champagnerklima» ist legendär, und die berühmte St. Moritzer
Sonne scheint durchschnittlich an 322 Tagen im Jahr.

B> Segantini-Museum, St. Moritz

Neben Ferdinand Hodler ist Giovanni Segantini der herausragende
Künstler der Schweizer Bergwelt. Der 1858 in Italien geborene
Künstler lebte die letzten fünf Jahre seines Lebens im Engadin. Mit
dem majestätischen Alpentriptychon Werden/Sein/Vergehen reali-
sierte Segantini Ende des 19. Jahrhunderts eines der letzten sinn-
stiftenden Programmbilder der Epoche. segantini-museum.ch

C> Schweizerischer Nationalpark

Für Pflanzen und Tiere einen ungestörten Lebensraum zu schaffen
war der Grundgedanke der Gründung des Schweizerischen Nationalparks im Jahre 1914. Auf einer Fläche von 170 m² rund um den
Ofenpass kann sich die Natur seither ohne störenden Eingriff durch

B> Das Segantini-Museum wurde eigens erbaut, um dem Alpentriptychon einen
würdigen Platz zu geben

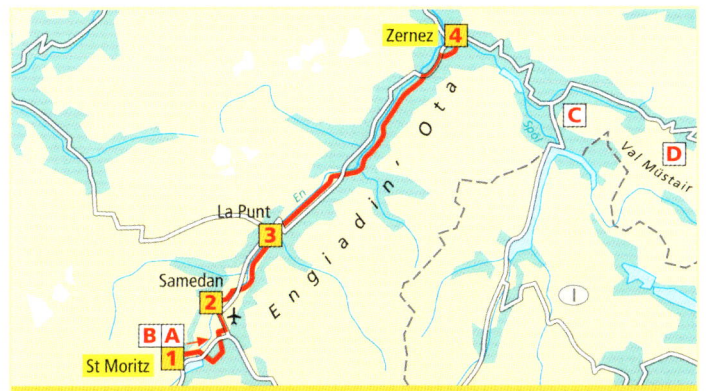

Wegbeschreibung St. Moriz–Samedan–Zernez >37 km

Wir beginnen unsere Velotour im mondänen **1>** St. Moritz. Vorbei am Golf- und Flugplatz **2>** Samedan gehts nach **3>** La Punt. Hier stossen wir auf die Veloroute 6 (Veloland Schweiz). Sie führt uns über Nebenstrassen zu unserem Ziel in **4>** Zernez. Wer will, besucht den Schweizerischen Nationalpark oder stattet dem Münstertal einen Besuch ab.

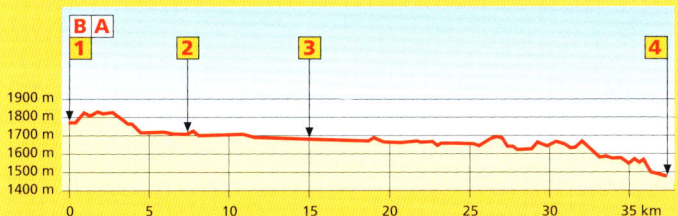

Strecke Manchmal bläst ein steifer Wind, schliesslich ist das Engadin ein Hochtal (St. Moritz 1811 m, Zernez 1471 m). Aber alles in allem braucht es wenig Kraft, um dem Inn über Wiesen und durch Wälder bis nach Zernez zu folgen.

Velovermietung Jugendherberge St. Moritz. Bahnhof Zernez. www.engadin.stmoritz.ch

C> Parkhütte Varusch am Eingang zum Schweizerischen Nationalpark

Menschenhand entwickeln. Wanderungen im Nationalpark bieten
spannende Naturerlebnisse. Ein Blick zum Himmel, ein offenes Ohr
und eine feine Nase garantieren Erlebnisse der besonderen Art. Wer
die farbenprächtige Alpenflora erleben möchte, wählt für einen
Besuch die Monate Juni und Juli. In dieser Zeit lassen sich auch die
meisten Jungtiere beobachten. Die berühmte Hirschbrunft findet in
der zweiten Hälfte September statt. Im Oktober schliesslich ver-
wandeln die Engadiner Lärchen ihre Nadeln in leuchtendes Gold.
Der Nationalpark ist im Winterhalbjahr geschlossen.
www.nationalpark.ch

D> Münstertal
Das idyllische Münstertal (Val Müstair) ist eine kleine Welt für sich.
Mit seinen sattgrünen Wiesen und den gepflegten Dörfern bietet es
einen Kontrast zur wilden Natur des nahen Nationalparks.
Kultureller Höhepunkt des Münstertals und UNESCO-Weltkultur-
erbes ist das Benediktinerkloster St. Johann im Grenzort Müstair.
Die Klosterkirche aus dem Jahre 775 mit dem weltweit grössten
Freskenzyklus des frühen Mittelalters ist ein Juwel der bildenden
Kunst der Karolingerzeit.

Top 2

Durchs Entlebuch
Escholzmatt–Luzern >47 km

A> Biosphäre Entlebuch
Das Entlebuch sei das schönste Buch der Schweiz, pflegt man im
Luzernerland zu sagen. Tatsächlich! Kaum eine andere Region
besitzt so viele Naturschätze wie der «Wilde Westen» von Luzern.
Hier finden sich die grössten und zahlreichsten Moorlandschaften
der Schweiz und eine Tier- und Pflanzenwelt von nationaler
Bedeutung. Kein Wunder, wurde das Entlebuch von der UNESCO
als Biosphärenreservat ausgezeichnet.

B> Escholzmatt
Escholzmatt, das stattliche Dorf auf der Wasserscheide zwischen
Entlebuch und Emmental, ist berühmt für sein aktives Vereinsleben.
Im Ort (4000 Einwohner) sind über 80 Vereine registriert! Neben
Schützen- und Turnvereinen gibt es auch einen Pilzverein, einen
Töggeli-Club, die Guggemusig Ratteschwänz, Jagdhornbläser und
die Samichlausgesellschaft Escholzmatt.

A> In der Karstlandschaft der Schrattenfluh

Wegbeschreibung Escholzmatt–Wolhusen–Luzern >47 km
Startpunkt unserer Tour ist **1>** Escholzmatt. Am Anfang gehts der
Hauptstrasse entlang nach **2>** Schüpfheim. Auf Nebenstrassen, die
unserer Kondition einiges abverlangen, fahren wir weiter über **3>**
Entlebuch nach **4>** Wolhusen (Veloland Schweiz, Veloroute 24).
Ab hier ist es nicht mehr weit bis **5>** Luzern.

Strecke Die Fahrt durch das Biosphärenreservat Entlebuch ist ein Genuss,
auch wenn die Kondition zwischen Schüpfheim und Wolhusen arg
strapaziert wird. Denn die Strecke folgt hier nicht der Hauptstrasse,
sondern einer Nebenstrasse, die oben am Hang verläuft.
Essen & Trinken Restaurant Bahnhöfli, 6162 Entlebuch,
Tel. 041 480 13 25. Mittwoch bis Sonntag geöffnet. Wirt Willy Felder
führt seit 20 Jahren mit grossem Erfolg Operettenabende durch, an
denen er zusammen mit Kollegen von der Operettenbühne Entlebuch zu
einem 5-Gang-Galamenü Lieder vorträgt
Velovermietung Bahnhof Luzern.
**Velokarte Emmental, Velokarte Luzern–Vierwaldstättersee 1:60 000
von Kümmerly+Frey.**

D> Die in die Schweiz geflüchtete französische Armee wird entwaffnet

C> Schüpfheim

Schüpfheim ist Hauptort des Amtes Entlebuch und war einst Richt-
stätte des verhassten Luzerner Vogts von Wolhusen; von hier ging
der Grosse Bauernkrieg des Jahres 1653 aus. Beinahe das ganze
Dorf Schüpfheim wurde am 27. Mai 1829 ein Raub der Flammen.
Mehr als die Hälfte der Häuser brannte innert weniger Stunden bis
auf die Grundmauern nieder. Nur die Kirche und einige umliegende
Häuser blieben vom Unglück verschont. Am Dorfrand von Schüpfheim steht das Biosphärenzentrum. www.biosphaere.ch

D> Bourbaki-Panorama, Luzern

Das Bourbaki-Panorama zeigt die französische Ostarmee des
Generals Bourbaki bei ihrem denkwürdigen Übertritt in die Schweiz
während des Deutsch-Französischen Krieges von 1870/71. Dem
Gemälde vorgelagert ist ein plastisch gestaltetes Gelände, das die
ganze Szenerie in einer verblüffend dreidimensionalen Wirkung zur
Geltung bringt. Das Bourbaki-Panorama ist eines der letzten
erhaltenen Riesenrundgemälde (112x10 m!) der Welt und seltener
Zeuge der Mediengeschichte des 19. Jahrhunderts. In unmittelbarer
Nähe des Panoramas befinden sich Gletschergarten und Löwendenkmal. www.bourbakipanorama.ch

Durch den Sihlwald zum Zugersee
Zürich–Zug >33 km

A> Zürich

Zürich ist nicht nur heimliche Hauptstadt der Schweiz, Verkehrs-
drehscheibe, Weltfinanzplatz, Wirtschaftszentrum und Lifestyle-
Mekka, sondern auch eine bedeutende Kulturhochburg. Mit über
50 Museen und mehr als 100 Galerien ist Zürich auch eine der
führenden Kunsthandelsstätten der Welt. Mit Hochkultur auf
der Bühne verführen die Kulturhäuser wie das Opernhaus, das
Tonhalle-Orchester sowie das Schauspielhaus Zürich.

B> Schweizerisches Landesmuseum Zürich

Wenige Schritte vom Hauptbahnhof Zürich entfernt beherbergt das
Schweizerische Landesmuseum, ein über hundertjähriges schloss-
artiges Gebäude, die grösste kulturgeschichtliche Sammlung des
Landes. Einen Schwerpunkt bildet die Mittelaltersammlung mit
bedeutenden Zeugen ritterlicher Kultur und einem umfangreichen
Bestand an kirchlichen Holzskulpturen und Schnitzaltären.
Besonders sehenswert sind u.a. Ferdinand Hodlers monumentales
Fresko «Rückzug der Eidgenossen bei Marignano» in der Waffen-
halle sowie die gut erhaltene Apotheke der Benediktinerabtei in
Muri AG (18. Jahrhundert). www.nationalmuseum.ch

A> Kulturgenuss Kunsthaus Zürich

Wegbeschreibung Zürich–Adliswil–Sihlwald–Baar–Zug >33 km
Wir starten die Tour beim **1>** Zürcher Bahnhof und folgen den roten
Veloschildern (Veloland Schweiz, Veloroute 94). Bald tauchen wir ein in
den schattigen Sihlwald. Es empfiehlt sich, in **2>** Langnau am Albis beim
Wildpark Langenbruck einen Halt einzuschalten und die wunderbare
Natur wirken zu lassen. Zwei, drei Kilometer später passieren wir das
Besucherzentrum Sihlwald, wo allerlei Informationen über den
Wildnispark zu erhalten sind. Weiter gehts über **3>** Baar zum Tourziel in
4> Zug.

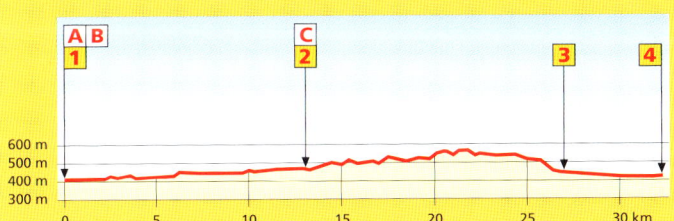

Strecke Die Velotour schlängelt sich meistens der Sihl entlang Richtung
Süden. Einige kleine Steigungen sind kaum der Rede wert. Deshalb ist die
Strecke auch für Velofahrer geeignet, die über eine mittlere Kondition
verfügen. Gefährlicher Kreisel in Sihlbrugg.
Tipp Höllgrotten Baar: Inmitten des wildromantischen Lorzentobels
zwischen Baar und Menzingen befindet sich eine der schönsten
Tropfsteinhöhlen der Schweiz.
Velovermietung Bahnhöfe Zürich, Zug.
Velokarte Zürich 1:60 000 von Kümmerly+Frey.
www.zuerich.com
www.zug-tourismus.ch

C> Der Sihlwald wird seit ein paar Jahren nicht mehr bewirtschaftet und sich selbst überlassen

C> Wildnispark Zürich

Sihlwald und Wildpark Langenberg bilden zusammen den Wild-
nispark Zürich. Der Park liegt mitten im Ballungsraum der Städte
Zürich und Zug. Der Sihlwald, der grösste zusammenhängende
Laubmischwald im Schweizer Mittelland, wird seit ein paar Jahren
nicht mehr bewirtschaftet und sich selbst überlassen. Im Wildpark
Langenberg kann man 18 einheimische Tierarten in natürlicher
Umgebung beobachten. Raubtiere wie Braunbären und Wölfe,
Luchse und Wildkatzen leben in grosszügigen, naturnahen
Anlagen. Ausserdem gibt es Wisente, Elche und die sonst scheuen
Rehe zu sehen, welche zutraulich in Menschennähe kommen.
www.wildnispark.ch

D> Milchsuppenstein, Ebertswil

Ende Juni 1529 marschierten die Zürcher Truppen gegen die Inner-
schweizer Kantone. In diesem Ersten Kappelerkrieg konnte dank
Vermittlung durch die neutralen Orte ein Bruderkrieg unter den
Eidgenossen verhindert werden. Gemäss den Berichten nutzte das
gemeine Fussvolk der beiden Heere die Zeit, während die Führer
verhandelten, zu einer Verbrüderung und stellte genau auf der
Grenze zwischen den beiden Kantonen einen grossen Kochtopf auf
ein Feuer. Die Zuger sollen die Milch und die Zürcher das Brot für
eine Milchsuppe beigesteuert haben, die dann von beiden Heeren
gemeinsam verspeist wurde. Bei Ebertswil steht heute der Milch-
suppenstein, ein Denkmal, das an diesen Vorgang erinnert.

Top 4
Storchentour
Biel/Bienne–Solothurn >33 km

A> Biel/Bienne
Die Stadt Biel, die Uhrenmetropole der Schweiz, liegt am östlichen
Ende des Bielersees. Swatch, Omega, Rolex, Tissot sind hier zu
Hause. Der Charme der Zweisprachigkeit, die intakte Altstadt und
die Lage als Tor zu den drei Juraseen machen Biel zum attraktiven
Ausgangs- und Zielort für Ausflüge.

B/ Naturschutzgebiet Häftli
Wo sich heute ein beschauliches Naturschutzgebiet erstreckt, lag
vor der Korrektur der Juragewässer die am häufigsten von Hoch-
wassern bedrohte Gegend des Seelands: die Aareschlaufe Häftli bei
Meienried. War der Wasserstand hoch, stauten sich die beiden
Flüsse Aare und Zihl gegenseitig auf, lagerten Unmengen von
Geschiebe ab und liessen das Wasser im Häftli über die Ufer treten.
Heute durchschneidet der Nidau-Büren-Kanal die Flussschlaufe und
hat aus der einst den Fluten ausgesetzten Halbinsel ein friedliches
Naturreservat (mit Beobachtungsturm) geschaffen.
www.ala-schweiz.ch

C> Büren an der Aare
Die Altstadt Bürens figuriert als nationales Objekt im Bundes-
inventar für Kulturgüter. So sind denn auch markante Sehenswürdigkeiten auf Schritt und Tritt anzutreffen. Zu sehen gibt es
bunte Laubenhäuser mit spätgotischen Fassaden, ein Schloss aus
dem 17. Jahrhundert, die Kirche und natürlich die mächtige
Holzbrücke.

A> Biel/Bienne um 1642, im Hintergrund Nidau und Bielersee

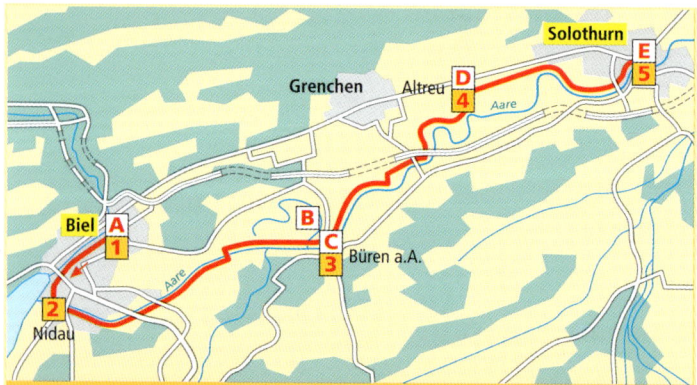

Wegbeschreibung Biel/Bienne–Büren a.A.–Solothurn >33 km
Startpunkt dieser überaus familienfreundlichen Tour ist der Bahnhof
1> Biel/Bienne. Die roten Schilder (Veloland Schweiz, Veloroute 8) führen
uns nach **2>** Nidau. Bei **3>** Büren besuchen wir die Alte Aare und das
Naturschutzgebiet Häftli oder wir fahren weiter zum Storchenhorst
4> Altreu. Von hier sind es nur noch ein paar Flügelschläge bis **5>**
Solothurn.

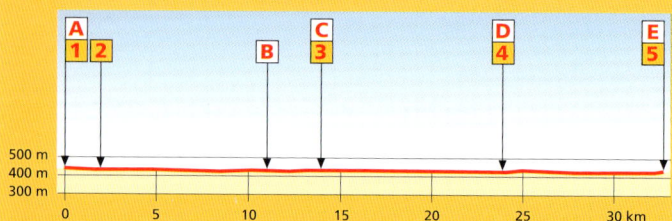

Strecke Die topfebene Strecke führt teils auf Natur-, teils auf
asphaltierten Nebenstrassen vorwiegend der Aare entlang. Diese
Velotour ist einfach perfekt für einen Ausflug mit der ganzen Familie.
Essen & Trinken Wirtschaft zum grünen Affen, 2545 Altreu,
Tel. 032 641 10 73. Grosse Gartenwirtschaft, Kinderspielplatz, eigene
Schiffanlegestelle.
Tipp Einsiedelei St. Verena: Die Schlucht im Norden der Stadt Solothurn
mit Kapellen und Eremiterklause ist ein beliebtes Ausflugsziel.
Velovermietung Bahnhöfe Biel/Bienne, Solothurn.
Velokarte Solothurn 1:60 000 von Kümmerly+Frey.
www.biel-seeland.ch
www.solothurn-city.ch

D> Storchenkolonie Altreu

Wie in alten Zeiten stehen auf den Dächern der Bauernhäuser in Altreu die Störche in ihren Horsten und ziehen ihre Jungen auf. Eine ideale Gelegenheit, Meister Adebar beim Überfliegen der Gegend, beim Schreiten über die Wiesen und auf der Nahrungssuche zu bewundern. Seit 1948 bemüht man sich in Altreu um das Wohl der Störche. Die beharrliche Arbeit von Storchenvater Max Bloesch (†1997) hat den Bestand der Weissstörche in der Schweiz auf über 200 Storchenpaare anwachsen lassen. www.infowiti.ch

E> Solothurn

Solothurn, am Fuss des Juras an der Aare gelegen, gilt als schönste Barockstadt der Schweiz. Sie wurde von den Kelten gegründet, war später eine römische Stadt und von 1530 bis 1792 Sitz der französischen Botschaft in der Eidgenossenschaft. Noch heute nennt sich Solothurn stolz «Ambassadorenstadt». Spuren der Botschafter und ihres Einflusses sind an verschiedenen Orten zu finden: in der Franziskaner- und der Jesuitenkirche, im Ambassadorenhof, im Historischen Museum Blumenstein und auf Schloss Waldegg. Weitere Sehenswürdigkeiten: St.-Ursen-Kathedrale, Zeitglockenturm, Altes Zeughaus …

F> Dinosaurierspuren Lommiswil

In einem Steinbruch oberhalb von Lommiswil im Kanton Solothurn befinden sich über vierhundert Trittspuren von Dinosauriern. Von einer gesicherten Aussichtsplattform aus sind die 145 Millionen Jahre alten Spuren leicht auszumachen. Auf der Plattform sind grosse Schautafeln angebracht, die viel Spannendes über diese Spuren und das Leben der Dinosaurier berichten.

D> Merkmale Weissstorch: weiss mit schwarzen Schwingen, Schnabel und Beine rot, Hals im Flug gestreckt, das Schnabelklappern ist auf grössere Distanz hörbar

Top 7

Willkommen im Grenzland

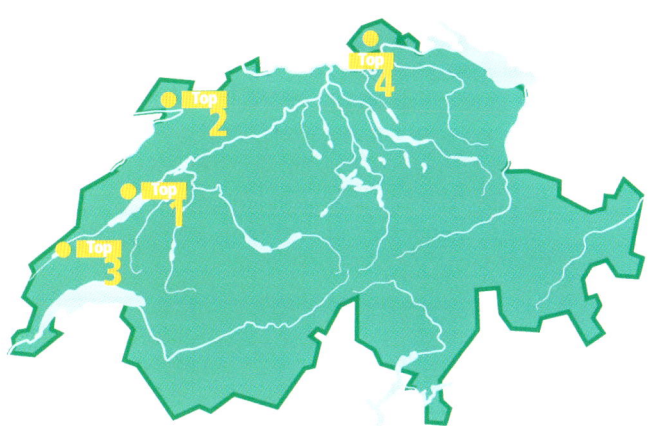

Durch das Val-de-Travers

Fleurier–Neuchâtel >37 km

A> Val-de-Travers

Das von der Uhrenindustrie geprägte Val-de-Travers erstreckt sich von der Grenze zu Frankreich quer durch den Jura bis hin zum Neuenburgersee. Asphaltminen und der Felsenzirkus des Creux du Van gehören ebenso zum Val-de-Travers wie eine bekannte Schaumweinkellerei. Heimlicher Star im Tal ist jedoch die «Grüne Fee».

B> Absinth

Absinth ist ein alkoholisches Getränk, das aus Wermut, Anis, Fenchel und einer Reihe von Kräutern hergestellt und mit Wasser vermengt getrunken wird. Obwohl die Rezeptur über 300 Jahre alt ist, wurde der Absinth erstmals 1797 im Val-de-Travers industriell hergestellt. Da Absinth oft von grüner Farbe ist, wird er auch «Grüne Fee» genannt. Im 20. Jahrhundert war die Herstellung und der Verkauf von Absinth in vielen europäischen Ländern verboten, da man annahm, das Getränk mache abhängig. In der Schweiz wurde das Verbot im Jahre 2005 aufgehoben.

A> In der Areuse-Schlucht zwischen Noiraigue und Boudry

Wegbeschreibung Fleurier–Travers–Boudry–Neuchâtel >37 km

Wir beginnen unsere Tour beim Bahnhof **1>** Fleurier und fahren über Môtiers und Travers nach **2>** Noiraigue (Veloland Schweiz, Veloroute 95). Weiter gehts durch die Areuse-Schlucht nach **3>** Cortaillod an den Neuenburgersee. Von hier sind es nur noch wenige Kilometer bis **4>** Neuchâtel. Empfehlenswert ist der Umweg zum Creux du Van.

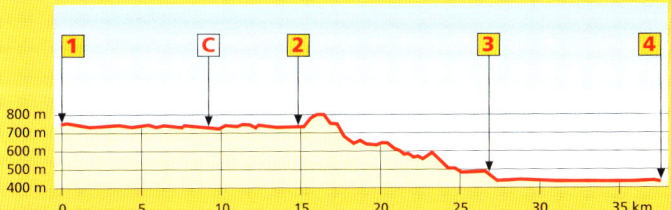

Strecke Einige Steigungen sind zu bewältigen, doch im Grossen und Ganzen darf die Strecke als leicht taxiert werden. Schliesslich geht es meist bergab (Fleurier 741 m, Neuchâte 430 m).

Essen & Trinken Restaurant la Truite, 2149 Champ-du-Moulin, Tel. 032 855 11 34. März bis Dezember geöffnet.

Tipp Die berühmten Mauler-Schaumweine werden in der Kellerei St-Pierre in Môtiers hergestellt. Besuch/Degustation im Sommerhalbjahr von Dienstag bis Sonntag, jeweils von 10.00 Uhr bis 12.00 Uhr und von 15.00 Uhr bis 18.00 Uhr.

Velovermietung Bahnhöfe Fleurier, Neuchâtel.

Velokarte Neuenburg–Drei Seen 1:60 000 von Kümmerly+Frey.

www.neuchateltourisme.ch

D> Der Felsenkessel des Creux du Van ist das älteste Naturschutzgebiet der Schweiz (1870)

C> Asphaltminen La Presta, Travers

Das weltweit grösste natürliche Vorkommen von Asphalt, zu Stein gewordenes Erdöl, wurde im 17. Jahrhundert im Val-de-Travers entdeckt. Während 300 Jahren entstand hier ein wahres Labyrinth von Stollen und Gängen. Ein kleiner Teil der stillgelegten Mine steht heute Besuchern offen. Im Restaurant nebenan wird als Spezialität in Asphalt gekochter Schinken serviert. Geöffnet von April bis Oktober.

D> Creux du Van

An der Grenze der Kantone Neuenburg und Waadt liegt der Creux du Van, eine natürliche Felsenarena gewaltigen Ausmasses. 160 Meter hohe, senkrechte Felswände umschliessen einen vier Kilometer langen und über einen Kilometer breiten Talkessel. Entstanden ist der «Grand Canyon» der Schweiz nach der letzten Eiszeit durch die Erosion des Flusses Areuse. Gämse, Steinböcke, Luchse und zahlreiche andere Wildtiere besiedeln die unberührte Naturlandschaft.

Top

Fahrt durch die Ajoie
Porrentruy–Porrentruy >37 km

A> Ajoie

Der Zipfel von Pruntrut, der vorwitzig in das Land der Franzosen guckt, ist den meisten Schweizern nur vom Hörensagen bekannt, es sei denn, sie hätten Militärdienst auf dem Waffenplatz Bure geleistet. Auf alle Fälle lohnt es sich, diese Terra incognita näher kennen zu lernen. Wer mit dem Zug von Delsberg nach Pruntrut fährt und die letzten Jurahöhen hinter sich lässt, wähnt sich schon fast im Burgund. Hier in der Ajoie ist das berühmte Savoir-vivre der Franzosen überall zu spüren. Man braucht kein Geld zu wechseln und fühlt sich dennoch ein wenig wie im Ausland. Ausserdem gerät man immer wieder, auch unbeabsichtigt und ohne es sogleich zu bemerken, auf französisches Territorium.

B> Porrentruy

Porrentruy – auf Deutsch: Pruntrut – ist das wirtschaftliche und kulturelle Zentrum der Ajoie. Dominiert wird das Stadtbild vom mächtigen Schloss, das nach dem Übertritt Basels zur Reformation Residenz der Fürstbischöfe von Basel war (1529–1828). Die hübsche Altstadt weist einige bemerkenswerte Bauten auf, so das prächtige Hôtel-Dieu (Museum) mit einer Apotheke von 1847.

C> Grotten von Réclère

Die Tropfsteinhöhlen von Réclère, direkt an der Grenze zu Frankreich, wurden 1886 entdeckt. Sie können nur in Begleitung eines

B> In der Altstadt von Porrentruy

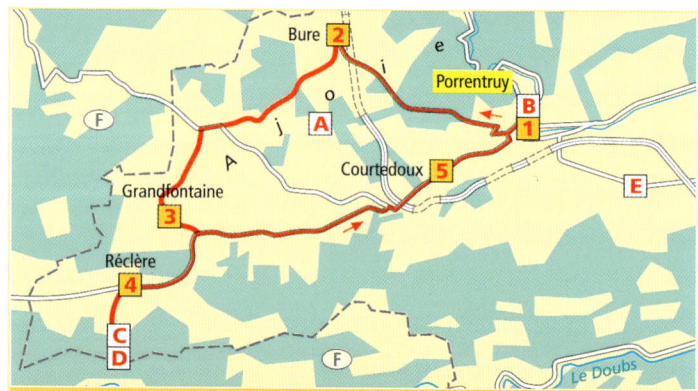

Wegbeschreibung Porrentruy–Bure–Réclère–Porrentruy >37 km
Unsere schöne Velotour beginnt beim Bahnhof in **1>** Porrentruy. Wir radeln Richtung Hôpital. Im Aufstieg zum Spital machen wir einen kleinen Abstecher, um uns das Schloss von Porrentruy anzuschauen. Dann gehts leicht bergauf nach **2>** Bure und weiter nach **3>** Grandfontaine. Das Haupthindernis des Tages, einen 150 m hohen Hügel, nehmen wir mit Bravour. In **4>** Réclère folgen wir den Wegweisern, die uns zu den Grotten von Réclère führen. Zurück fahren wir via Réclère und **5>** Courtedoux nach **1>** Porrentruy.

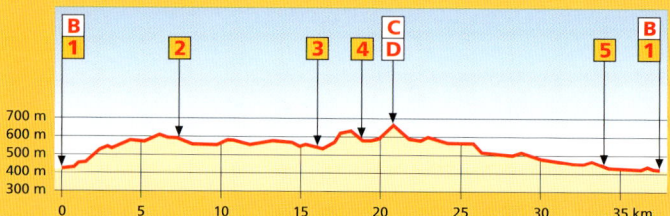

Strecke Abwechslungsreiche Rundfahrt durch die landschaftlich überaus reizvolle Ajoie. Die Fahrt führt durch kleine Dörfer und Weiler. Zwei, drei Hügel sind zu meistern, trotzdem kann von einer leichten Strecke gesprochen werden.
Tipp Der Höhepunkt des kulinarischen Jahres in der Ajoie findet im November statt, wenn zu Ehren des heiligen Martin eine opulente «Metzgete» aufgetischt wird. Die Restaurants, die das Martini-Menü servieren, sind Monate vorher ausgebucht.
Velovermietung Jugendherberge Delémont.
Velokarte Jura 1:60 000 von Kümmerly+Frey.
www.juratourisme.ch

D> Im Dino-Park bei Réclère

Führers während des Sommerhalbjahres besucht werden. Über eine lange Treppe und einen gut ausgebauten Weg gehts vorbei an Stalagmiten und Stalaktiten. Hunderte von Kalksäulen haben im Laufe der Jahrmillionen die bizarrsten Formen gebildet. Warme Kleider sind von Vorteil; in den Grotten ist es stets 7 Grad kalt. Geöffnet von Palmsonntag bis 31. Oktober. www.prehisto.ch

D> Préhisto-Parc, Réclère

In unmittelbarer Nähe der Grotten, in einem Waldstück, bietet der Préhisto-Parc eine faszinierende Reise in die Urzeit. Auf einem zwei Kilometer langen Rundweg findet man über 40 Dinosaurier-Reproduktionen im Massstab 1 : 1, zahlreiche Informationstafeln, eine Hängebrücke und einen Aussichtsturm. Geöffnet von Palmsonntag bis Mitte November. www.prehisto.ch

E> Gilberte de Courgenay

«C'est la petite Gilberte, Gilberte de Courgenay; elle connaît trois cent mille soldats et tous les officiers...», so heisst es in einem berühmten Lied, welches die Erinnerung an die legendäre Gilberte Montavon bis in unsere Tage wachhält. Die junge Wirtstochter arbeitete im väterlichen Hôtel de la Gare, wo zwischen 1914 und 1918 vor allem Deutschschweizer Grenzsoldaten einquartiert waren. Der 1941 unter der Regie von Franz Schnyder entstandene Film mit Anne-Marie Blanc in der Hauptrolle machte Gilberte im Zweiten Weltkrieg zu einer nationalen Symbolfigur. Ein Besuch im Restaurant, das mit vielen Erinnerungsfotos ausgestattet ist, lohnt sich. Restaurant de la Petite Gilberte, 2950 Courgenay, Tel. 032 471 22 22.

Rund um den Lac de Joux
Vallorbe–Vallorbe >41 km

A> Grotten von Vallorbe
Die Tropfsteinhöhlen wurden 1961 südwestlich von Vallorbe entdeckt und stehen Besuchern seit 1974 offen. In den hohen Kam-
mern und Gängen, die sich auf 3 km Länge aneinanderreihen und
mit bizarren Kalksteinformationen glänzen, herrscht eine konstante
Temperatur von 11 °C. Am Schluss des Rundgangs wartet eine
ansprechende Mineraliensammlung auf die Höhlengänger.
www.vallorbe-tourisme.ch

B> Vallée de Joux
Das Vallée de Joux, das 1000 m über Meer liegt und eine herbe,
unversehrte Natur bietet, gilt als Wiege der Schweizer Uhrenindustrie – seit bald 300 Jahren entstehen hier, fernab der Zentren des
Luxus und der Moden, die edelsten Zeitmesser der Welt. Wer sich
für die Geschichte der Uhrmacherkunst und für wertvolle Uhren
interessiert, sollte die Gelegenheit nutzen und das Museum «Espa-
ce Horloger» in Le Sentier besuchen (Mittwoch bis Sonntag nach-
mittags geöffnet).

B> Vallée de Joux im Waadtländer Jura

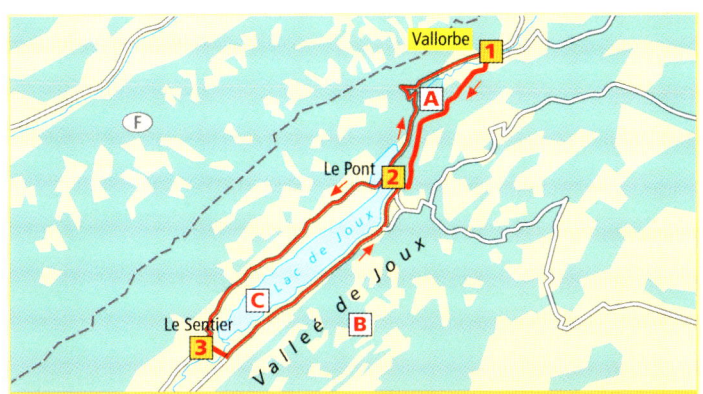

Wegbeschreibung Vallorbe–Le Pont–Le Sentier–Vallorbe >41 km

Wir beginnen unserer Velotour in **1>** Vallorbe und fahren über **2>** Le Pont nach **3>** Le Sentier (Veloland Schweiz, Route 7). Hier queren wir die Ebene und fahren auf der anderen Seite des Sees zurück nach **2>** Le Pont. Für die Abfahrt nach **1>** Vallorbe benützen wir diesmal die Hauptstrasse, die nicht sehr viel Verkehr aufweist.

Strecke Eine Tour, die es in sich hat. Anfangs ist der happige Aufstieg von Vallorbe nach Le Pont zu meistern (350 m Höhenunterschied). Dann geht es zügig rund um den See. Die Abfahrt zurück nach Vallorbe darf als Dessert betrachtet werden. Velovermietung Bahnhof Le Sentier.
Tipps Im Juraparc Mont d'Orzeires – auf halbem Weg zwischen dem Vallée de Joux und Vallorbe – sind Bisons, Bären und Wölfe in grosszügigen Gehegen zu besichtigen. Badestrände in Le Rocheray, Le Pont, L'Abbaye und Les Bioux.
Velokarte Lausanne–Vallée de Joux 1:60 000 von Kümmerly+Frey.
www.myvalleedejoux.ch

D> Der Vacherin Mont-d'Or wird seit jeher nur von Ende September
bis April produziert

C> Lac de Joux

Zentrum des Tals ist der Lac de Joux. Der rund 9 km lange See ist
die grösste Wasserfläche im Jura. Bekannt für seine Winde, zieht er
vor allem Windsurfer und Segler an. Das Besondere an diesem See
ist, dass er keinen eigentlichen Abfluss besitzt. Das Wasser sickert
durch den Seeboden, sammelt sich unterirdisch und tritt etwas weiter unten bei Vallorbe als Quelle der Orbe ans Tageslicht. Die
unberührten Strände entlang des Sees eignen sich hervorragend
zum Baden. Im Hochsommer kann das Wasser 24 °C erreichen. Im
Winter wird der zugefrorene See zur riesigen Eisbahn und zum
Paradies für Schlittschuhläufer und Eiswanderer.

D> Vacherin Mont-d'Or AOC

Im Vallée de Joux wird der delikate Weichkäse aus Kuhmilch seit
über 100 Jahren liebevoll in Handarbeit hergestellt. Am besten
kommt seine zartschmelzende, sämige Qualität zur Geltung, wenn
er bei Zimmertemperatur mit einem Löffel serviert wird. Gourmets
lieben den Vacherin Mont-d'Or auch warm, im Ofen zubereitet, in
Begleitung von kleinen Kartoffeln oder knusprigem Brot.

Rundfahrt durch den Kanton Schaffhausen

Top 4

Schaffhausen–Schaffhausen >45 km

A> Schaffhausen

Schaffhausen ist die nördlichste Stadt der Schweiz und eine der wenigen Schweizer Gemeinden nördlich des Hochrheins. Die Altstadt weist zahlreiche Renaissancegebäude auf, einige sind mit Fresken verziert, andere mit Erkern, von denen es exakt 171 gibt. Seinen Reichtum verdankte Schaffhausen jahrhundertelang dem Rhein oder, genauer gesagt, dem Rheinfall. Alle Handelsgüter, die auf dem Strom transportiert wurden, mussten hier umgeladen werden. Schaffhausen wurde zu einem wichtigen Umschlagplatz.

B> Munot

Die Festung Munot, das Wahrzeichen von Schaffhausen, wurde von 1564 bis 1589 erbaut. Wie ein Berg thront die Anlage über den Hausdächern. Sie diente als Artilleriefestung und galt als repräsentatives Bauwerk der aufstrebenden Stadt am Rhein. Im Turm befindet sich die Wohnung des Munotwächters. Dieser läutet jeden Abend um neun Uhr von Hand das bekannte Munotglöckchen.

A> Haus zum Ritter, Schaffhausen

**Wegbeschreibung Schaffhausen–Beggingen–Rheinfall–
Schaffhausen >45 km**
Wir starten unserer Velotour beim Bahnhof **1>** Schaffhausen und fahren
über Hemmental und den Randen nach **2>** Beggingen, ganz im Norden
der Schweiz. Über **3>** Schleitheim und Oberhallau radeln wir weiter nach
4> Neunkirch (malerische kleine Altstadt). In Neunkirch folgen wir den
roten Wegweisern (Veloland Schweiz, Route 77), die uns zum **5>** Rheinfall und weiter nach **1>** Schaffhausen bringen.

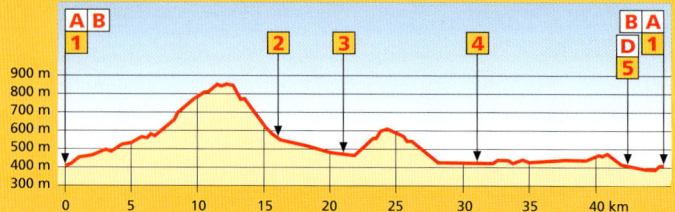

Strecke Zu Beginn der Tour ist Kondition gefragt. Von Schaffhausen
führt die Fahrt durch schattige Wälder über den Randen. Innerhalb kurzer
Zeit sind stolze 450 Höhenmeter zu absolvieren. Wer will, besucht auf
der Rückfahrt das Weindorf Hallau und/oder den Rheinfall.
Essen & Trinken Zahlreiche Feuerstellen rund um den Randen rufen
geradezu nach einem Picknick. Gasthof Brauerei, Gemeindeplatz 1,
8226 Schleitheim, Tel. 052 680 11 14. Geöffnet von Mittwoch bis
Montag. Wunderschöner Gasthof im Dorfzentrum.
Velovermietung Bahnhof Schaffhausen.
Velokarte Schaffhausen–Winterthur 1:60 000 von Kümmerly+Frey.
www.schaffhausen-tourismus.ch

C> Hallau

Hallau, das schmucke Weinbaudorf im schaffhausischen Klettgau, zeichnet sich aus durch ein gepflegtes Dorfbild. Am ersten und zweiten Sonntag im Oktober finden die «Hallauer Herbstsonntage» statt, ein Erntedankfest für die Traubenernte. Das Wahrzeichen von Hallau ist die St.-Moritz-Kirche, die sich hoch über dem Dorf befindet und 1491 erstmals urkundlich erwähnt wird.

D> Rheinfall

Bei Neuhausen stürzt sich der Rhein in einem eindrücklichen Naturschauspiel über eine 23 m hohe Schwelle und auf einer Breite von 150 m in die Tiefe. Das ist Rekord! Grösser als der Rheinfall ist kein Wasserfall in Europa. Eine Bootsfahrt zum mittleren Felsen, der bestiegen werden kann, lässt die ganze Wucht des Wassers hautnah erleben. Vom Schloss Laufen, auf der Zürcher Seite des Rheins, führen Treppen zu Aussichtsplattformen am Wasserfall. www.rheinfall.ch

C> Bergkirche St. Moritz, Hallau

Von A nach A

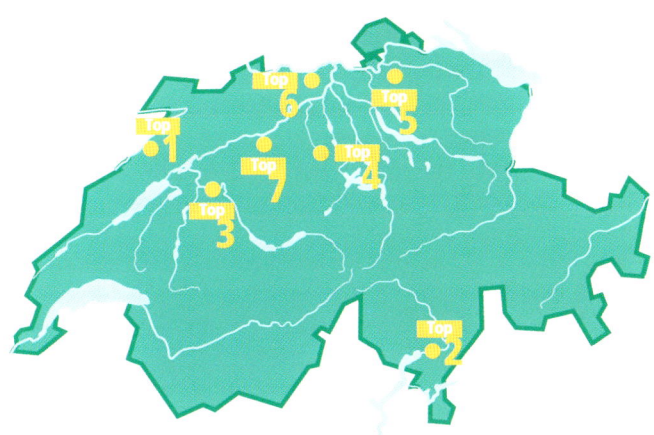

Top 1 Zum Saut-du-Doubs
La Chaux-de-Fonds–La Chaux-de-Fonds >35 km

A> La Chaux-de-Fonds

1000 Meter über Meer, schachbrettartige Strassenzüge, 37 000 Einwohner, Le Corbusier, UNESCO-Welterbe, Wiege der Uhren-industrie, Neuenburger Jura, grossartiges Uhrenmuseum, Louis Chevrolet … viele Schweizer kennen La Chaux-de-Fonds nur vom Hörensagen. Und dabei war die Stadt über lange Zeit das Zentrum der Uhrenindustrie in der Schweiz. Von dieser und späteren Epochen zeugt das Internationale Uhrenmuseum. Über 4000 Exponate, von der Sonnenuhr bis zur Atomuhr, veranschaulichen eindrucksvoll die Geschichte der Zeitmessung. Auf einem Rundgang durch die rechtwinklig angelegten Strassen von La Chaux-de-Fonds kann man sich leicht vorstellen, wie die Uhrmacher hinter ihren nach Süden ausgerichteten Fenstern arbeiteten und wie überall Laufburschen unterwegs waren, um die Stücke von einem Atelier ins andere zu bringen.

A> Rechtwinklig angelegte Strassen prägen das Stadtbild von La Chaux-de-Fonds

Wegbeschreibung La Chaux-de-Fonds–Saut-du-Doubs–La Chaux de Fonds >35 km

Die Strecke führt uns von **1>** La Chaux-de-Fonds den Berg hinauf zum Weiler **2>** Les Joux Dernière und dann weiter nach **3>** Les Planchettes. Ab hier folgen wir der ausgeschilderten Mountainebike-Route von Veloland Schweiz (Route 3). Sie weist uns den Weg entlang des Lac de Moron zum **4>** Saut-du-Doubs. Über **5>** Les Brenets und **6>** Le Locle fahren wir zurück nach **1>** La Chaux-de-Fonds.

Strecke Mittelschwere Strecke. Nach einem kurzen Aufstieg führt die Tour hinunter zum Fluss Doubs, der die Grenze Schweiz/Frankreich markiert.

Tipp Beim Wasserfall besteht die Möglichkeit, den Doubs auf einer Fussgängerbrücke zu überqueren und Frankreich einen Besuch abzustatten. Identitätskarte nicht vergessen.

Velovermietung Athmos Hôtel, Avenue Léopold-Robert 45, La Chaux-de-Fonds.

Velokarte Neuenburg–Drei Seen 1:60 000 von Kümmerly+Frey.
www.neuchateltourisme.ch

B> Lac des Brenets, Saut-du-Doubs

14 000 Jahre ist es her, seit der Doubs durch einen Bergsturz
gestaut wurde. Es bildete sich ein 4 km langer, aber nur 200 m
breiter See, der sich wie eine Schlange an den hohen Kalkfelsen
vorbeiwindet und an dessen Ende der Saut-du-Doubs tosend in die
Tiefe stürzt. Zwischen der Ortschaft Les Brenets und dem Wasserfall
verkehren im Sommerhalbjahr regelmässig Kursschiffe.

C> Unterirdische Mühlen

Die Mühlen liegen zwei Kilometer westlich von Le Locle. Die Höhle
wurde im 16. Jahrhundert erschlossen, um die Energie eines
Wasserfalls mittels Horizontalmühlen zu nutzen. In der mehr-
stöckigen Kalksteinhöhle installierte man ein System von über-
einander angeordneten Wasserrädern, das Mühlen, Dresch-
maschinen und Sägen antrieb. Heute sind die restaurierten Anlagen
wieder funktionstüchtig, öffentlich zugänglich und sehenswert.
www.lesmoulins.ch

Top 2 Durch die Magadinoebene
Bellinzona–Bellinzona >35 km

A> Bellinzona

Die drei Burgen, die zum UNESCO-Welterbe gehören, zeugen von der strategischen Bedeutung Bellinzonas: Der Weg über die Alpenpässe Nufenen, Gotthard, Lukmanier und San Bernardino führt durch den Hauptort des Kantons Tessin. Die Erkundung der Stadt beginnt man am besten bei der Burg Castelgrande, die man mit einem futuristischen Aufzug erreicht. Von hier oben hat man einen fantastischen Blick auf die Stadt, die Berge und die Magadinoebene. Die Altstadt von Bellinzona schmiegt sich im Schatten der drei mittelalterlichen Burgen in das breite Ticinotal. In ihren Gassen finden sich reich verzierte Patrizierhäuser und schöne Kirchen. Doch hinter dem herben Charme der mittelalterlichen Stadt verbirgt sich das pulsierende Leben eines modernen Begegnungszentrums. Zahlreiche Boutiquen, Geschäfte mit kulinarischen Spezialitäten und Cafés laden zum Bummeln und Verweilen ein. Jeden Samstag findet auf der Piazza Nosetto und in den angrenzenden Gassen ein grosser Wochenmarkt statt.

A> In der Altstadt von Bellinzona

Wegbeschreibung Bellinzona–Bellinzona >35 km

Wir verlassen **1>** Bellinzona mit seinen Türmen und Burgen und fahren Richtung Locarno (Veloland Schweiz, Route 3, dann Route 31). Mitten auf der Ebene, beim **2>** Flughafen Locarno, zweigen wir nach links ab und fahren über **3>** Quartino und **4>** Cadenazzo zurück nach **1>** Bellinzona (Veloland Schweiz, Route 3).

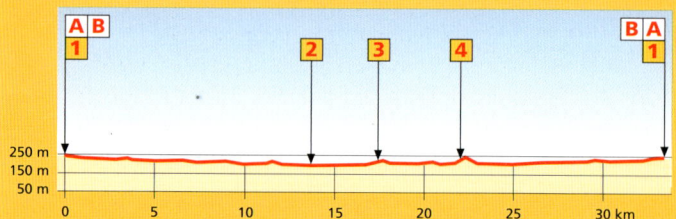

Strecke Erholsame, leichte Tour gänzlich ohne Steigungen durch die fruchtbare Magadinoebene. Je nach Lust und Laune kann die Tour zum Lago Maggiore oder sogar bis nach Locarno erweitert werden.
Velovermietung Bahnhof Bellinzona.
Velokarte Lugano–Locarno–Bellinzona 1:60 000 von Kümmerly+Frey.
www.ticino.ch

B> Serenade im Castelgrande

B> Burgen von Bellinzona

Erbaut wurden die Wehranlagen Bellinzonas durch die Herzöge von Mailand, im 14. und 15. Jahrhundert die Herren der Stadt. Trotz imposanter Befestigung eroberten die Urschweizer anno 1500 Bellinzona. Die Urner nisteten sich auf Castelgrande (Grosses Schloss) inmitten der Altstadt ein, die Schwyzer auf Montebello (Schönberg) im Osten über Bellinzona, die Unterwaldner schliesslich auf Sasso Corbaro (Rabenfels) hoch oben im Berghang mit prächtiger Aussicht, doch etwas abseits des Geschehens. Alle drei Castelli sind heute öffentlich zugänglich und lassen sich in einem halbtägigen Burgenbummel bequem besuchen.

C> Magadinoebene

Mit einer Fläche von 3500 Hektaren ist die Magadinoebene die grösste Ebene im Kanton Tessin. Sie erstreckt sich vom Lago Maggiore bis nach Giubiasco. Bis Ende des 19. Jahrhunderts lag sie als Sumpfgebiet brach, die Malaria und sporadische Über-schwemmungen lehrten die Bewohner der umliegenden Dörfer das Fürchten. Nach der Kultivierung der Ebene konnten sich einzig-artige Biotope ansiedeln. Hier wachsen Auenwälder aus Pappeln, Erlen und Weiden. Und hier leben über 300 Vogelarten, darunter Fischreiher und Flussregenpfeifer. Heute floriert auch der Obst- und Gemüseanbau. Am Strassenrand können Früchte direkt vom Bauern gekauft werden.

Zum Wohlensee
Bern–Bern >34 km

A> Bern
Mit seiner malerischen Lage an der Aare und den anmutigen
Gebäuden im mittelalterlichen Zentrum ist Bern (132 000 Einwohner) eine der schönsten Städte der Schweiz und seit 1983 UNESCO-
Welterbe. Die Bundesstadt liegt auf einem Sandsteinrücken, den
die Aare in einer Schleife umfliesst. Die Gassen der Altstadt sind
von stattlicher Breite. Ihre Besonderheit sind die Lauben (Arkaden)
im Erdgeschoss, die sich über insgesamt 6 km erstrecken und sogar
bei Regenwetter zum Flanieren einladen.

B> Zentrum Paul Klee
Am 20. Juni 2005 öffnete das Zentrum Paul Klee erstmals seine
Tore für Kunst- und Kulturinteressierte aus aller Welt. Im Mittel-
punkt stehen Person, Leben und Werk von Paul Klee (1879–1940).
Der auch als Musiker, Pädagoge und Dichter wirkende Klee zählt zu
den bedeutendsten Künstlern des 20. Jahrhunderts. Das Museum
wurde nach Plänen des bekannten italienischen Architekten Renzo
Piano gebaut. www.paulkleezentrum.ch

A> Bern, Altstadt und Aare

Wegbeschreibung Bern–Wohlensee–Bern >34 km

Vom **1>** Bahnhof Bern fahren wir durch das Länggassquartier und den Bremgartenwald nach **2>** Hinterkappelen und weiter dem See entlang bis zum Kraftwerk Mühleberg (Veloland Schweiz, Route 8). Nach der Überquerung der **3>** Staumauer biegen wir links ab und fahren über die Weiler Oberei und Heggidorn nach **4>** Riedbach. Ab hier folgen wir dem Wegweiser nach **1>** Bern (Veloland Schweiz, Route 34).

Strecke Die Strecke führt rund um den Wohlenseee, ist gut ausgeschildert und weist zwei, drei Steigungen auf. Trotzdem kommt der Fahrgenuss nicht zu kurz.

Tipp Wer will, lockert die Fahrt auf mit einem Bad im See und/oder einem anschliessenden Stadtbummel durch die Lauben der Berner Altstadt.

Velovermietung Bahnhof Bern.

Velokarte Region Bern 1:60 000 von Kümmerly+Frey.

www.berninfo.com

C> Wohlensee mit Staumauer und Wasserkraftwerk Mühleberg

C> Wohlensee

Der Wohlensee im Westen der Stadt Bern erinnert eher an einen
norwegischen Fjord als an einen künstlich geschaffenen Stausee.
Am obersten Teil ist er so schmal, dass er kaum von der natürlich
fliessenden Aare zu unterscheiden ist. Bei Mühleberg steht die Tal-
sperre, wo sich auch ein Kraftwerk befindet. Obwohl der Wohlen-
see ein landschaftliches Kleinod darstellt, wird er touristisch kaum
genutzt. Entlang des Sees findet man naturnahe Flussufer, einsame
Buchten, Auenwälder, langgezogene Schilfflächen und bewaldete
Ufer. Vom Spätherbst bis zum Frühjahr bevölkern zahlreiche
Schwimm- und Tauchenten sowie Watvögel den Wohlensee als
Rastplatz. Seit Längerem finden Abklärungen statt, ob sich der
Raum Wohlensee als Naturerlebnispark eignet.

D> Wasserkraftwerk Mühleberg

Hinter der heimatgeschützten Fassade des 1920 erbauten Kraft-
werks versteckt sich geballte Technik: Sechs Francis- und eine
Kaplanturbine produzieren jährlich 160 Gigawattstunden Strom.
Damit können 40 000 Haushaltungen versorgt werden. Beim Rundgang durch das Kraftwerk (kostenlos und ohne Voranmeldung
möglich) erhält man einen umfassenden Einblick in die Grundlagen
der Stromproduktion mit Wasser.

Top 4

Rund um den Sempachersee

Sursee–Sursee >23 km

A> Sursee

Sursee (mundartlich Soorsi) glänzt durch seine Altstadt, die sich ihr historisches Gepräge trotz mehrerer Brände in der Vergangenheit erhalten konnte. Sehenswert ist das spätgotische Rat- und Markthaus. An einer Ecke des Rathauses ist der einzige in der Schweiz erhaltene Pranger zu sehen. Wer im Mittelalter gegen das lokale Recht sündigte, der wurde bestraft, indem er anderthalb Meter über dem Boden, mit einer Kette um den Hals fixiert, gut sichtbar zur Schau gestellt wurde. Im St.-Urbanhof – heute ein vielbesuchtes Museum, das sich der Geschichte Sursees verschrieben hat – rastete Herzog Leopold III. von Österreich am Vorabend der Schlacht bei Sempach.

B> Schweizerische Vogelwarte Sempach

Die Vogelwarte ist eine gemeinnützige Stiftung, die sich vor allem mit Vogelzugforschung und Überwachung der Brutvogelbestände befasst. Sie hat ihren Sitz am Südufer des Sempachersees und ist ein beliebtes Ausflugsziel. Nebst einer Dauerausstellung über die hiesige Vogelwelt gibt es im Garten Volieren mit einheimischen Vögeln und ein Feuchtbiotop sowie eine Beobachtungsplattform im See. Der Eintritt ist gratis. Gleich neben der Vogelwarte liegen das Seebad und der Campingplatz von Sempach. www.vogelwarte.ch

B> Merkmale Eisvogel: Oberseite glänzend blau, Unterseite orange, weisse Kehle, kurzer Schwanz, rote Füsse, der kurze, scharfe Pfiff tönt wie «zii»

Wegbeschreibung Sursee–Sempach–Sursee >23 km
Vom Bahnhof **1>** Sursee pedalen wir durch die Altstadt und weiter auf
der Luzernstrasse nach Oberkirch. Ab hier fahren wir auf einem Natur-
strässchen dem See entlang bis **2>** Sempach. Nach der Besichtigung des
Städtchens gehts weiter auf der Hauptrasse nach Eich. In Eich haben wir
zwei Möglichkeiten: Entweder rollen wir weiter auf der Hauptstrasse nach
Sursee (Veloland Schweiz, Route 3), oder wir queren die Autobahn und
benützen die ausgeschilderte Veloroute (Veloland Schweiz, Route 94)
nach **1>** Sursee.

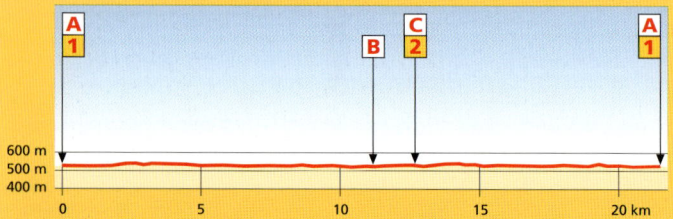

Strecke Die Strecke darf als leicht taxiert werden. Anfangs führt sie auf
Naturstrassen dem See entlang. Von Sempach bis Eich muss die Haupt-
strasse benützt werden, die jedoch nicht sehr viel Verkehr aufweist und
mit einem Velostreifen ausgestattet ist.
Essen & Trinken «Una storia della vita», Stadtstrasse 42, 6204 Sempach,
Tel. 041 460 44 74. Mit herrlicher Terrazza mitten im Städtchen.
Tipps Strandbäder in Nottwil, Sempach, Eich und Schenkon. Öffentliche
Stadtführung Sursee jeden Samstag von Mai bis Ende September.
Treffpunkt: Rathaus, 10.00 Uhr. Dauer: 1½ Stunden. Kosten: 5 Franken.
Velovermietung Bahnhof Sursee. TCS-Camping Sempach.
Velokarte Luzern–Vierwaldstättersee 1:60 000 von Kümmerly+Frey.
www.sempachersee-tourismus.ch

C> Sempach

Das im Mittelalter von den Habsburgern zur Kontrolle der Handels-
wege über den Gotthard gegründete Städtchen Sempach ist vor
allem wegen der historischen Schlacht bei Sempach bekannt. Etwa
2 km nordöstlich der Altstadt erinnert die 1387 geweihte Schlacht-
kapelle an den Sieg der Eidgenossen am 9. Juli 1386 über die
zahlenmässig überlegenen Truppen des Herzogs Leopold III. von
Österreich. Diesen Sieg verdanken die Eidgenossen nach einer
berühmten, aber nicht belegten Sage Arnold von Winkelried aus
Unterwalden, der sich selbst opferte (Der Freiheit eine Gasse …).

C> Sempach lag bis zur Seeabsenkung von 1806 direkt am See

Rundfahrt durch das Seebachtal
Frauenfeld–Frauenfeld >30 km

A> Frauenfeld

Die malerische Hauptstadt des Kantons Thurgau blickt auf eine lange Geschichte zurück. Davon zeugen das Schloss, einstiger Sitz der Landvögte, dessen mächtiger Turm um 1227 erbaut wurde, und der rechteckige Grundriss der Altstadt, die um die Mitte des 13. Jahrhunderts entstand. Im historischen Stadtzentrum sind viele hübsche alte Bürgerhäuser zu sehen, darunter das Luzerner-, das Berner- und das Zürcherhaus mit ihren barocken Fassaden. Die Häuser erinnern an die Zeit, als Frauenfeld Tagsatzungsort der Eidgenossenschaft war.

B> Kartause Ittingen

Etwa 5 km nordwestlich von Frauenfeld liegt die ehemalige Kartause Ittingen, 1150 als Augustinerabtei gegründet und 1461 bis 1848 im Besitz der Kartäuser. Das Kloster wird nicht mehr von Mönchen bewohnt und ist für die Öffentlichkeit zugänglich. Neben einem Hotel, einem Restaurant und einem Klosterladen gibt es auch ein Museum mit zeitgenössischer Kunst und ein Museum über die Geschichte der Kartäuser. Die Lage des Klosters hoch über der Thur ist bemerkenswert. www.kartause-ittingen.ch

B> Kartause Ittingen, im Hintergrund die bekannte Rokoko-Kirche

Wegbeschreibung Frauenfeld–Oberstammheim–Hüttwilen–Frauenfeld >30 km

Wir beginnen unserer Velotour beim Bahnhof von **1>** Frauenfeld und fahren über **2>** Warth (Kartause Ittingen) und Buch nach **3>** Oberstammheim (Veloland Schweiz, Route 33). Zurück gehts über Nussbaumen und **4>** Hüttwilen nach **1>** Frauenfeld.

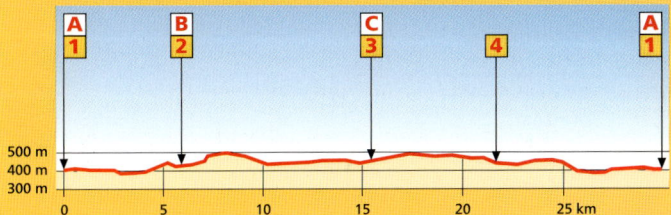

Strecke Auf meist wenig befahrenen Strassen führt die Velotour durch das malerische Seebachtal. Höhepunkte bilden der Besuch der Kartause Ittingen und die Seenlandschaft auf der Fahrt nach Oberstammheim.
Essen & Trinken Restaurant zur Mühle, Kartause Ittingen, 8532 Warth, Tel. 052 748 44 11.
Tipp Im Sommer laden die Seen im Seebachtal zum Baden ein. Am Nussbaumer- (Nordufer) und am Hüttwilersee (Strandbad Hüttwilen) finden sich schöne Badeplätze.
Velovermietung Bahnhof Frauenfeld.
Velokarte Schaffhausen–Winterthur 1:60 000 von Kümmerly+Frey.
www.thurgau-tourismus.ch

D> Am schönsten präsentiert sich der Thurgau Anfang Mai, wenn die Obstbäume blühen

C> Oberstammheim

Nördlich der drei Seen (Nussbaumer-, Hasen-, Hüttwilersee) liegt das reizvolle Oberstammheim. Der Gasthof Hirschen von 1684 gehört zu den schönsten Fachwerkhäusern der Ostschweiz, die hübsche Gallus-Kapelle (9. Jahrhundert) inmitten von Weinbergen ist mit Fresken geschmückt.

D> Thurgau

Der Thurgau, der Obstgarten der Schweiz, fristet im Bewusstsein von Herrn und Frau Schweizer ein Mauerblümchendasein. Zu Unrecht, denn der Kanton im äussersten Nordosten der Schweiz überzeugt mit seiner lieblichen, sanft gewellten Landschaft, die vom Bodensee allmählich bis in Höhen um 700 m ansteigt. Die Hügellandschaft und das 62 km lange Thurgauer Bodenseeufer eignen sich hervorragend zum Velofahren und Wandern.

Top 6

Die Fricktaler Rundfahrt
Frick–Frick >34 km

A> Fricktal
Das Fricktal liegt im nördlichen Teil des Kantons Aargau. Vermutlich, weil sich das Tal in Richtung Nordwesten wendet, orientiert sich die Bevölkerung mehrheitlich nach Basel. So zum Beispiel ähnelt die Sprache eher dem Baselbieterdeutsch als dem Aargauer Dialekt. Noch vor zweihundert Jahren gehörte das Fricktal zusammen mit dem deutschen Breisgau zu Österreich. Und von 1802 bis 1803 war das Fricktal sogar ein Kanton der Helvetischen Republik. Trotz intensiver diplomatischer Bemühungen der Fricktaler hörte der Kanton am 19. Februar 1803 auf zu existieren. Kaiser Napoleon höchstpersönlich verfügte in einer Mediationsakte die Verschmelzung mit den Kantonen Aargau und Baden.

B> Frick
Frick ist die bevölkerungsreichste Gemeinde und regionales Zentrum im oberen Fricktal und liegt am Ausgangspunkt der Passstrassen über den Bözberg, die Salhöhe und die Staffelegg. Während der Römerzeit war Frick eine bedeutende Siedlung an der Römerstrasse zwischen Vindonissa und Augusta Raurica. Grosse Bekanntheit hat Frick durch den Fund eines vollständigen Skeletts eines Dinosauriers erlangt.

A> Blick ins Fricktal

Wegbeschreibung Frick–Elfingen–Laufenburg–Frick >34 km
Die Tour beginnt in **1>** Frick. Wir fahren der Autobahn entlang nach
2> Bözen (Veloland Schweiz, Veloroute 56). Durch ein wunderschönes
Quertal pedalen wir hinauf nach **3>** Elfingen. Bei Elfingen erfolgt der
grosse Aufstieg des Tages, der aber mit 150 Höhenmetern relativ leicht
zu bewältigen ist. Eine Superabfahrt bringt uns nach **4>** Sulz.
Hier erspähen wir einen roten Wegweiser, der uns den Weg nach
5> Laufenburg weist. Zurück nach Frick fahren wir über **6>** Kaisten und
7> Eiken (Veloland Schweiz, Velorouten 2 und 56).

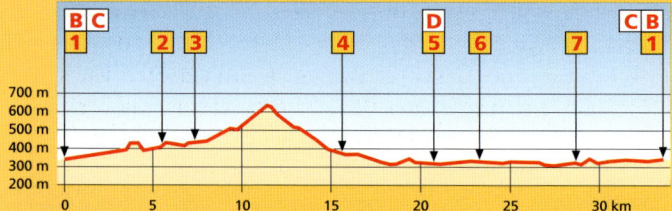

Strecke Die Fahrt vom lieblichen Fricktal hinüber ins Tal des Oberrheins
ist sehr abwechslungsreich. Da sich die diversen Steigungen nicht
übermässig in Szene setzen, darf von einer Tour mit wenig Kraftaufwand
gesprochen werden.
Essen & Trinken Gasthaus zum Bären, 5076 Bözen, Tel. 062 876 11 37.
Geöffnet von Donnerstag bis Montag. Jeden Sonntag gibts im «Bären»
Suure Mocke.
Tipp Es ist ein Genuss, während einer Rheinschifffahrt Laufenburg auf
dem Wasser kennen zu lernen. www.laufenburg.ch
Velokarte Aargau 1:60 000 von Kümmerly+Frey.
www.aargautourismus.ch

D> Laufenburg am Rhein

C> Sauriermuseum Frick

Vor einigen Jahren machten die Saurierforscher in einer Tongrube in Frick einen sensationellen Fund. Sie entdeckten ein vollständiges Skelett eines Raub-Dinosauriers. Raub-Dinos sind im Gegensatz zu den meisten anderen Sauriern fleischfressende Räuber, und bis zum Fund war man nicht sicher, ob es in der Schweiz je solche Riesen-tiere gab. Das Skelett und zahlreiche andere Fossilien können im Sauriermuseum Frick besichtigt werden. Nebst den Fossilien ist auch ein Film über die spannende Entdeckungsgeschichte der Fricker Dinosaurier zu sehen. Das Museum und die Fundstelle sind durch einen Saurier-Lehrpfad verbunden. www.sauriermuseum-frick.ch

D> Laufenburg

Der Rhein prägte die Geschichte von Laufenburg. Im Zeitalter, als der Fluss noch unverbaut war, bildeten die Stromschnellen beim mittelalterlichen Städtchen einerseits ein gefährliches Hindernis für die Schifffahrt, andererseits eine besonders ergiebige Fangstelle für Lachse. 1914 mussten die Stromschnellen, bis anhin Wahrzeichen der Stadt, dem Bau des damals grössten Wasserkraftwerks Europas weichen. Die sorgfältig gepflegte und unter Denkmalschutz stehende Altstadt wurde 1985 mit dem begehrten Wakker-Preis ausgezeichnet. Mit ihren turmbewehrten Stadtmauern, dem Geflecht von schmalen Gassen und kleinen, bunt gepflästerten Plätzen sowie den markanten Brunnenbecken ist sie zu einem touristischen Magnet geworden.

Durch den Oberaargau
Langenthal–Langenthal >34 km

A> Oberaargau
Der Oberaargau gehört zum östlichen Teil des Kantons Bern. Er erstreckt sich vom Napfgebiet bis zum Jura. Die Wasserbewirtschaftung durch die Mönche aus dem Kloster St. Urban im 13. Jahrhundert hat die Entwicklung dieser Region wesentlich beeinflusst. Es entstand eine sehr fruchtbare Landwirtschaft, und so ist es denn nicht weiter verwunderlich, dass das ländliche Bild von kompakten Bauerndörfern die Landschaft bis heute bestimmt.

B> Langenthal
Mit 15 000 Einwohnern ist Langenthal das Zentrum der Region Oberaargau. Charakteristisch für das Stadtbild sind die hüfthohen Trottoirs – eine Erinnerung an vergangene Zeiten, als das Hochwasser der Langete noch regelmässig durch die Strassen Langenthals toste. Erst dank eines unterirdischen Entlastungsstollens wurde dieser nassen Ära in den Neunzigerjahren des vergangenen Jahrhunderts ein Ende gesetzt.
Seit 1480 im Besitz des Marktrechts, hat sich Langenthal immer mehr zum Industrie- und Handelsort gewandelt. In den letzten Jahren hat sich zusätzlich ein vielseitiges kulturelles Angebot mit Kulturinstitutionen von überregionaler Ausstrahlung entwickelt. Der «Designer's Saturday» und die Verleihung des «Design-Preis Schweiz» erfreuen sich nationaler Berühmtheit.

A> Das «Haus von Madiswil» im Freilichtmuseum Ballenberg

Wegbeschreibung Langenthal–Herzogenbuchsee–Burgäschisee–Langenthal >34 km

Wir verlassen **1>** Langenthal in Richtung **2>** Herzogenbuchsee (Veloland Schweiz, Veloroute 84). Nach **3>** Bettenhausen zweigen wir rechts ab und fahren über **4>** Oberönz zum **5>** Burgäschisee. Der See ist so verführerisch schön, dass wir haltmachen, um ein erfrischendes Bad zu nehmen und anschliessend zu picknicken. Weiter führt uns die Tour über **6>** Aeschi, **7>** Graben und **8>** Aarwangen (Veloland Schweiz, Veloroute 34) zurück nach **1>** Langenthal.

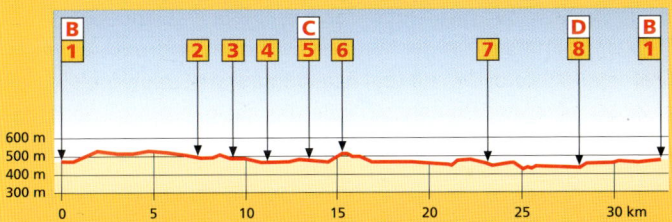

Strecke Eine Velotour für die ganze Familie. Sie ist kurz, führt vorwiegend durch ländliche Gegenden. Das erfrischende Bad im Burgäschisee ist ein besonderes Vergnügen.
Essen & Trinken Restaurant Alte Mühle, Mühleweg, 4900 Langenthal, Tel. 062 919 03 70. Offen von Montag bis Freitag. Grosse Terrasse.
Tipp Die Gemeinde Steinhof ist eine solothurnische Enklave im Kanton Bern. Südlich des kleinen Weilers befindet sich ein imposantes Findlings-reservat (erratische Blöcke).
Velokarte Solothurn 1:60 000 von Kümmerly+Frey.
www.myoberaargau.ch

C> Am idyllischen Burgäschisee

C> Burgäschisee

Der kleine Moränensee, entstanden in der letzten Eiszeit, ist ein
Kleinod im Grenzgebiet der Kantone Solothurn und Bern. Er gilt
zusammen mit den drei Riesenfindlingen auf dem nahen Steinhof
als Überbleibsel des Rhonegletschers, der das ganze Mittelland bis
in die Gegend von Wangen an der Aare bedeckte. Spaziergänger
können auf dem vorgegebenen Holzschnitzelweg den See umrunden. Der Weg führt teilweise durch den Wald und dem Ufer
entlang. Unterwegs hat man immer wieder die Möglichkeit, über
Stege auf den See hinauszutreten.

D> Aarwangen

Aarwangen verdankt seine Entstehung der günstigen Verkehrslage.
Bereits im 16. Jahrhundert konnte die Aare in Aaarwangen über
eine gedeckte Holzbrücke überquert werden. Das Wahrzeichen von
Aarwangen ist das prächtige Schloss – Zeuge einer bewegten
Geschichte. Bis Anfang des 15. Jahrhunderts waren die Schloss-
herren den Habsburgern unterstellt, anschliessend wurde es bis
Ende des 18. Jahrhunderts eine Landvogtei Berns. 75 stolze Land-
vögte residierten bis 1798 im Schloss mit dem trotzigen Turm. Eine
Wappengalerie dieser Landvögte ziert eine Wand im Schloss.

Tipps rund ums Velofahren

Unterwegs
> Velos können in Fernverkehrszügen, der S-Bahn, auf Schiffen und in Bussen vieler lokaler Verkehrsunternehmen im Selbstverlad mitgenommen werden.

Velos mieten oder ausleihen
> Bei «Rent a bike» können an über 100 Bahnhöfen der Schweiz Velos gemietet werden. www.rentabike.ch

Wichtige Verkehrsregeln
> Radwege sind benutzungspflichtig. > Rechts fahren gilt auch auf Radwegen. > Allgemeines Fahrverbot gilt auch für Velofahrer.

So fahren Sie sicher
> Genügend Abstand zum Strassenrand und zu parkierenden Autos halten. > Im Zweifelsfall bei Kreuzungen nicht rechts vorfahren – der tote Winkel birgt grosse Gefahren. > Beim Links-abbiegen: Blick zurück, gut sichtbares Handzeichen und einspu-ren. > In der Dämmerung und nachts nur mit eingeschaltetem Licht fahren. > Genügend Abstand zum vorderen Velo ist wichtig, um Ausweichmanöver und Auffahrunfälle zu vermeiden. www.igvelo.ch

Das müssen Sie wissen
> Mit aufgepumpten Reifen fährt es sich leichter. > Überprüfen Sie die Bremsen vor der Abfahrt. > Stellen Sie den Sattel so ein, dass Sie mit den Füssen sitzenderweise knapp den Boden erreichen.

Das müssen Sie mitnehmen
> Kleidung im Schichtenprinzip, Windschutz. > Sonnenbrille, Sonnenschutz, evtl. Helm (richtig einstellen!). > Genügend Zwischenverpflegung. > Trinkflasche. > Reiseapotheke. > Halb-taxabo für allfällige Etappen per ÖV und beim Mieten eines Velos. > VCS-Velokarte.

Mehr Freizeit!

© gettyimages

Kümmerly+Frey

www.swisstravelcenter.ch